著者　愛媛大学・松山大学愛媛県南予地域
　　　共同研究プロジェクトチーム『チームびやびや』
代表　若林良和、市川虎彦

創風社出版

プロローグ：本書の意図と概要

若 林 良 和

1．本書の目的

　今日の地域には、人口の減少、産業の衰退、環境の破壊、地域コミュニティの弱体化など諸課題が山積し、それらは時間差、地域差で変化し、複雑にからみあっている。そうしたなかで、地域諸課題の解決に向けて、地場産業の振興、地域社会の活性化などに関する様々な指針が策定され、取り組みが展開される。

　本書は、愛媛県の南西部に位置する南予地域をフィールドとし、愛媛大学と松山大学の教員総勢10名で展開してきた共同研究プロジェクト（研究テーマ「地域（愛媛）アイデンティティの醸成と促進による愛媛学の構築に向けた総合的研究①：南予地域を事例とした地域資源（社会・産業・環境・スポーツ分野）に関する学際的な検討」）の研究成果を公表するものである。共同研究プロジェクトチームのメンバー（愛媛大学教員6名と松山大学教員4名）は人文・社会科学から自然科学までのそれぞれ異なる研究分野を専攻している。メンバーは「チームびやびや」と自称しつつ、これまでの実績をもとに南予地域に存在する研究対象・コンテンツを設定し、メンバー相互の交流と連携をもとにした共同研究を推進した。この「びやびや」とは新鮮な、活きの良いという意味で、南予地域（愛南町）に伝わる浜言葉（漁村で使われる言語で、方言の一種）であり、「地域資源」のひとつである。

　したがって、本書は、南予地域の社会・産業・自然・環境・スポーツの4分野に関するコンテンツを「地域資源」と位置付け、南予地域のステークホルダーとの協働「地域協働」をもとに、南予地域、さらには、愛媛県という地域のアイデンティティ「地域アイデンティティ」の醸成につながる研究を意図した成果として提示するものである。

２．本書における４つのキーワード：「地域資源」・「地域協働」・「地域ア イデンティティ」・「地域学」

前述の目的にしたがい、本書の各章で使用し検討される、４つのキーワード 「地域資源」・「地域協働」・「地域アイデンティティ」について整理しておく。

まず、「地域資源」であるが、実態的には、地域に存在する有形・無形のも のであり、地域特有の自然資源、人文資源、産業経済資源、社会インフラ、さ らには、コミュニティやネットワークなど人的な資源、さらに、それらの組み 合わせによって生成される二次的な資源も含まれる。その具体的な例を列挙す れば、地域に存在する自然・生物・景観・歴史・地理、祭礼や年中行事・民俗 芸能、民間伝承（生活の知恵）、衣食住などの生活文化、スポーツや伝統行事 などの地域イベント、生業（産業）・経済的な営みが想定できる。

次に、「地域協働」について整理しておきたい。それで、協働の原義であるが、 「きょうどう」には「共同」・「協同」・「協働」の３つの漢字が相当できる。そ れらの意味を概括すると、「共同 Common)」とは個人や団体が集まって一緒 に行動することを意味し、さらに、「協同（Cooperation)」は同じ立場や資格 をもった個人や団体が共通の目的や利益のために行動することを重視する。そ れから、本書で重視する「協働 (Collaboration)」は、異なった立場や資格をもっ た個人や団体がそれぞれの壁を乗り越えて共通の目標や課題を達成するために 行動を共にすることと措定しておきたい。それで、この「協働」による地域で の展開を「地域協働」とした場合、地域におけるコミュニティなどの地域組織、 自治体、教育機関、企業、ＮＰＯなど多種多様な主体が、相互の交流と理解の もとで、地域社会の諸課題の解決など共通の目的や目標を達成するために協力 して活動することである。特に、構成主体が、それぞれの自覚と責任のもとに、 相互の立場や特性を認め合って、地域社会のマネジメントを意識し、一定の期 間、積極的に連携して協力することが重要になってくる。

それから、「地域アイデンティティ」についても総括しておく。アイデンティ ティは、直訳的には自己同一性や主体性、自己完結性の意味だが、前述した「地 域資源」と「地域協働」の関連からすれば、「地域アイデンティティ」は実質 的に、地域に対する愛着や優位性などプラス志向を持った帰属意識であり、地

域的な一体感を高める役割も持つものといえる。他方、地域住民にとって当たり前すぎで意識していないものを、世代や性別、地域を超えた交流と連携によって、他地域との差異化を把握し、地域らしさ（地域の独自性や固有性）を認識することで、地域の魅力を地域外へ発信でき、「シビックプライド」（地域住民の地域に対する誇り）につながるだろう。

　最後に、もう一点、整理しておくべきことがある。それは、本書が「愛媛学」の構築を目指していることから、地元学や地域学との関係についても言及しておきたい。両者を概括すれば、地域住民が当該地域を研究するのが地元学であるのに対して、地域学は当該地域住民も含めて幅広い人たちの間で地域研究するものである。いずれにしても、研究主体と地域の関わり方がポイントとなる。私たちの共同研究は、広義的に地元学と位置付けられ、大学研究者が地域のステークホルダーとの連携と協業をもとに、地域の諸課題を客観的で包括的に把握し分析するものである。つまり、これは、愛媛県内の大学研究者が愛媛県という地域の諸課題について各自の専門領域を基盤にしつつ総合的で学際的に追及したものである。地元学としての「愛媛学」は、まず自分たちの居住する地域に存在する多様な資源に関する検討を通して、地域の魅力や強みを再確認したり発掘したりする。その上で、地域や地域住民の潜在的な能力を引き出し合い、それらを新しく組み合わせて、産業振興や地域活性化など自らの地域づくりに取り入れて活用していく必要があるだろう。

　以上のことから、本書の目的は、「地域資源」・「地域協働」・「地域アイデンティティ」の３つのキーワードのもとに、南予地域の諸課題に関するフィールドワークを推進して、メンバー間で情報共有と意見交換を図った上で、地元学としての「愛媛学」構築を試行することである。なお、研究の成果は、地域へのフィードバックに加えて、両大学の学部教育へのフィードバックも試みる予定である。両大学の新たな教育プログラム形成に向けて、本書を授業教材として活用し、両大学の連携の「布石」にしたいと考えている。

３．南予地域の概要

　本書のフィールドとなる愛媛県南予地域の概要について説明しておきたい。愛媛県は行政的にも、地域住民レベルでも、東予地域、中予地域、南予地域と

3

3つに区分されることが多い。南予地域に構成する市町としては、大洲市、八幡浜市、宇和島市、西予市、喜多郡内子町、西宇和郡伊方町、北宇和郡鬼北町・松野町、南宇和郡愛南町の4市5町である。これを江戸期の藩域でみると、大洲藩と新谷藩（大洲藩の支藩）、宇和島藩と伊予吉田藩（宇和島藩の支藩）がおおよそ相当する。南予地域は南予北部（八幡浜市・大洲市・西予市・内子町・伊方町の3市2町）と南予南部（宇和島市・鬼北町・松野町・愛南町の1市3町）に大別されることもある。南予地域内の人口と面積は、人口約24.3万人、面積約2,520km^{2}となる。（出典：愛媛県『愛媛県推計人口及び人口動態』（2018年10月現在の推計人口）、国土地理院『全国都道府県市区町村別面積調』）これは、それぞれ愛媛県の約18％（人口）、約44％（面積）に相当する。市町別にみると、人口では宇和島市が7.2万人と最大であり、それに大洲市、西予市、八幡浜市が続いている。また、面積では、西予市が514km^{2}とトップになっており、宇和島市、大洲市、内子町の順になっている。

　南予地域の立地をみると、東西に四国山地が走り、西部は四国山地がそのまま宇和海に接してリアス式海岸を形成している。また、佐田岬半島や由良半島をはじめ細長い半島が存在する。平野が大洲盆地など一部に限られ、山の迫ったなかで密集して都市は形成された。以前は、山越えをしないと隣町に出られなかったことから、各地域で独自の伝統文化が継承される一方で、鉄道や道路の整備が望まれてきた。

　南予地域の産業は他地域に比べ、多様な柑橘類を生産している農業、養殖魚をはじめとする水産業といった第1次産業が盛んである。ただ、それらは価格の低迷、台風や赤潮などの自然災害で厳しい経営を強いられている。この状況を打破するべく、柑橘類における新品種の開発、柑橘類などを餌に利用した養殖魚の商品化など、付加価値を付けたブランド化が盛んに行われている。他方、製造業など第2次産業は、大手企業の子会社の工場が撤退したり規模を縮小したりして、企業誘致がままならず、脆弱である。地場産業として、蒲鉾やじゃこ天など水産練り製品、果実加工品、漬物、味噌、醤油、清酒など農水産加工品などがあるものの、企業規模は小さい。

４．共同研究の経過

　この共同研究プロジェクトチームは「2015 〜 2016（平成 27 〜 28）年度愛媛大学と松山大学との連携事業」の研究助成を得て実施した。そして、集中合宿による年次報告や出版打合せを含めると合計 21 回の研究会が開催され、メンバー間で情報共有と意見交換を展開した。その成果は「連携事業成果報告会」（2017（平成 29）年 6 月、愛媛大学総合情報メディアセンター）で発表した。こうした一連の取り組みが本書の上梓につながったのである。途中でメンバー 1 名の異動があったものの、そのメンバーも含めて当初メンバー 10 名全員は本書で研究成果を公表できた。私たちは、こうしたゆるやかなチームプレーが完遂できたことを率直に喜びたい。もちろん、こうした喜びは、地域のステークホルダーの皆さんとも共有したい。言うまでもなく、この共同研究プロジェクトは南予地域のステークホルダーとの協働を前提としており、様々な局面でお世話になったことから、彼らに対して満腔の意を持って深謝したい。

　なお、今回の出版に関しては、2019（令和元）年度松山大学出版助成金（教科書発行要綱）を得ることができた。松山大学関係者に御礼を申し上げる。最後に、この出版に至るプロセスに紆余曲折があったが、創風社出版の大早友章氏には配慮をいただき、プロジェクトチーム・執筆者を代表して感謝したい。

　それから、最後に、追記しておきたいことがある。それは言うまでもなく、2018（平成 30）年 7 月に発生した西日本豪雨において、南予地域一帯で大きな被害が発生したことである。愛媛県内でも、死者・行方不明者が 27 人に達し、また、住宅や公共施設などの全壊や浸水などの被害も甚大なものとなった。改めて、ご冥福を祈りつつ、健全な復旧・復興が進むことを祈りたい。筆者も、本学の学生や教職員とともに、泥かき・水洗いなど当初の復旧作業をはじめ、被災地域の皆さんにいろいろと関わらせていただいた。筆舌尽くしがたい光景に遭遇し、一生、忘れられない出来事も経験させてもらい、また、よく言われるが、こちらのほうが元気づけられることも多々あった。今後、復興に関する本格的な取り組みが継続的で、かつ効果的に展開され、被災された皆さんの物心にわたる完全な回復を祈りたい。

2019（平成 31）年 4 月

目 次

プロローグ　本書の意図と概要……………………………… 若林良和　　1

第1章 地域水産物を利用した「ぎょしょく教育」のコンテンツと地域的意義
　　　　　－「愛南ぎょレンジャー」をもとにした検討 － ………… 若林良和　　11

　1．はじめに：「ぎょしょく教育」と地域社会　11

　2．愛南町の水産業概要　11

　3．「ぎょしょく教育」の概念と実践　12

　4．地域水産物と「ぎょしょく」コンテンツ　17

　5．おわりに：「ぎょしょく教育」の地域的意義　32

第2章 漁協女性部による課題マネジメントと地域活性化
　　　　　－ 愛媛県宇和島市を事例として － ……………………… 藤田昌子　　35

　1．はじめに：漁協女性部と漁村地域　35

　2．対象事例の概要　36

　3．漁協女性部による地域生活課題のマネジメント　37

　4．漁協女性部による地域活性化の展開　44

　5．おわりに：漁協女性部による地域活性化の特徴と可能性　48

第3章 愛媛経済のイノベーション
　　　　　－ 産業集積と地域経済の持続的発展 － ……………………… 鈴木　茂　　51

　1．はじめに：地元学としての愛媛産業論　51

　2．愛媛県における産業集積と地域特性　52

　3．地域資源と産業集積　55

　4．地域ニーズと産業集積　61

　5．おわりに：地域産業の固有性と持続的発展　67

第4章 無茶々園における農業人材の確保と育成

― 新たな就農モデル確立へのあゆみ ― ……………………… 笠松浩樹　69

1．はじめに：農業と地域アイデンティティ　69

2．愛媛県における農地・農業の動向と支援策　72

3．無茶々園の発展と現代的意義　79

4．無茶々園にみる担い手の確保　85

5．おわりに：就農を支える組織と地域の協働　93

第5章 6次産業化に取り組む経営者のあり方

― 南予地域の農水産業の事例分析 ― ………………………… 三宅和彦　95

1．はじめに：6次産業化をめぐる背景　95

2．6次産業化経営体及び経営者のタイプ別分類　97

3．6次産業化経営者の経営資質　100

4．6次産業経営体及び経営資質の顕在的・潜在的な強みと弱み　109

5．おわりに：6次産業化における経営体及び経営資質のあり方　111

第6章 景観と地域アイデンティティ

― 南予地域における景観とその保全の試みを中心に ― ……… 市川虎彦　117

1．はじめに：景観のもつ意味　117

2．南予の地勢と景観　120

3．絵はがきにみる景観と地域アイデンティティ　124

4．景観保全の試み　130

5．おわりに：地域社会と景観　134

第7章 愛媛県のごみ排出の現状と情報源としての「分別辞典」
　　　－ 環境社会学の視点から － ……………………………… 小松　洋　　137

　　1．はじめに：ごみにも関心を　137

　　2．ごみとは何でどうやって処理されているか　138

　　3．愛媛県下ではどれくらいごみが出ているか　142

　　4．地域資源としての「ごみ分別辞典」の可能性　148

　　5．おわりに：「分別辞典」を環境保全に活かそう　151

第8章 海洋環境と生物生産に関する未来に向けた取り組み
　　　－ 南予地域の養殖生産技術を中心に － ……………………… 太田耕平　　155

　　1．はじめに：南予地域における水産　155

　　2．愛南地域における水産業の発展　157

　　3．南予地域の海洋環境　162

　　4．今後の養殖生産に関する技術　168

　　5．おわりに：将来に向けて　174

第9章 無形民俗文化財と地域社会
　－愛媛県指定無形民俗文化財　花とり踊り（愛南町）を事例として－…牛山眞貴子　　177

　　1．はじめに：無形民俗文化財の現状　177

　　2．花とり踊り（愛南町正木）の概要　179

　　3．正木の花とり踊りの魅力

　　　　　～400年間続く祭祀の踊りと地域アイデンティティ～　184

　　4．正木の花とりおどりの現状と課題　192

　　5．おわりに：無形民俗文化財への期待

　　　　　　　～ありのままと進化～　194

第 10 章 伝統的な祭りにおける変容と発展

　　　　－ 乙亥相撲の内容と運営の変遷に着目して －………… 林　恭輔　199

　1．はじめに：愛媛県内の奉納相撲　199

　2．野村町の概要　200

　3．乙亥相撲の変遷　203

　4．地域における乙亥相撲の役割　211

　5．おわりに：「乙亥の野村・野村の乙亥」とは何か　213

エピローグ　本書の全体的な総括 …………若林良和・市川虎彦　217

第1章

地域水産物を利用した「ぎょしょく教育」の コンテンツと地域的意義
― 「愛南ぎょレンジャー」をもとにした検討 ―

若 林 良 和

1. はじめに：「ぎょしょく教育」と地域社会

　昨今、地場産業の振興、地域社会の活性化に関する様々な取り組みが推進され、水産業や漁村地域においても再生や創成に向けた施策が展開されている。今後の水産業や漁村地域のあり方を考える際、地域の産業動向や社会構造、生活文化を包括的に、かつ、系統的な把握することが前提となる。そして、地域ぐるみの連携と協働をもとにした価値の創出、つまり、「地域共創」は水産振興や漁村活性化につながるものと考えられる。

　本稿では、筆者がこれまでに提案と協働を行ってきた総合的な水産版食育の「ぎょしょく教育」の実践と成果を総括しつつ、今後の「ぎょしょく教育」推進の一里塚とすべく、「ぎょしょく」コンテンツを紹介したい (1)。筆者は2005（平成17）年に「ぎょしょく教育」について地域の特性を考慮して南予地域の全自治体に声がけしたが、最初に呼応したのが愛南町であった (2)。今回、紹介するコンテンツは、愛南町の小学生の間で定着しているぎょしょく普及戦隊「愛南ぎょレンジャー」の素材となる地域水産物7種類である。そして、これらの魅力を検討した上で、「ぎょしょく教育」の新展開を念頭に地域的意義を探りたい。

2. 愛南町の水産業概要

　愛媛県の最南端に位置する愛南町は、リアス式海岸による豊かな内海、黒潮が豪快に流れる外海に接している。愛南町は南宇和郡の5町村が2004年

に合併し、人口約 2.4 万人の町である。水産業は愛南町の基幹産業の一つであり、漁船漁業と養殖業に着目して、主要な漁法や魚種をもとに地域漁業を概括する。

　まず、漁船漁業であるが、カツオは愛南町の「町の魚」に指定され、県内唯一の水揚げが行われている。その年間水揚げ取扱量は高知県よりも多く、四国最大である。愛南町に水揚げされるカツオの多くは太平洋に設置されたパヤオ（浮き魚礁）や南西諸島周辺で漁獲されている。それで、土佐湾や日向灘が漁場の場合、最速航行なら往復約 3 時間で水揚げできるために、高鮮度化をセールスポイントとした「愛南びやびやかつお」がブランド化された（3）。そのほか、年間を通じてアジやサバ、イワシ、イサキ、イカなど様々な魚種が一本釣りや旋網、底曳き網などで安定的に漁獲されている。

　次に、養殖業では、ハマチやカンパチ、タイなどの魚類養殖、真珠や真珠母貝、ヒオウギガイ、カキ、アワビの貝類養殖が盛んに行われている。魚類養殖は宇和海と黒潮で強い潮の出入りがある内湾の生簀で、徹底した品質管理のもとで行われ、近年、スマの養殖が事業化された。愛南町は宇和島市とともに県内有数の真珠養殖地域である。また、ワカメやコンブを餌に育成されるアワビは天然物に匹敵する高い評価を得ている。そして、ジャコ天や蒲鉾、丸干しイワシ、メジカ（目近、ソウダガツオ）節などの水産加工業が存在する。

　このように、日本屈指の水産食料生産拠点である愛南町は多様な漁法で多種の魚介類が漁獲されて「日本漁業の縮図」と、筆者が位置付けている（4）。

3．「ぎょしょく教育」の概念と実践

（1）視点と概念

　私たちの食生活は、米や魚を中心の「日本型」から、小麦や肉などの「欧米型」へと大きく変化した。そして、魚の生産から消費に至る環境が変容するなか、健康食ブームなどで魚が見直されつつあるものの、日本人の「魚離れ」は歯止めがかからず、若年層において顕著である。このことは、厚生労働省や総務省の統計に示される魚介類の摂取量や購入量、食料支出額に占める生鮮魚介類の比率からも裏付けられる。また、近年の『水産白書』でも「魚

離れ」の現状が度々、紹介されている。

　そこで、従来より取り組まれてきた魚食普及の止揚、食育基本法の施行に伴う食育の推進を統合して効果的に展開するために、新たに提唱し実践しているのが「ぎょしょく教育」である。これは社会科学的なアプローチによる総合的な水産版食育である。その視点は①地域の特性を念頭に置き、地域の水産業や漁村の生活文化を活かすこと、②魚食普及や栄養指導を踏まえ、漁と食（生産と消費）の再接近を図り、食料供給などを念頭に置くこと、③フードシステム（魚の生産から加工、流通、販売、消費に及ぶ一連の流れ）として魚を位置付けて包括的に把握することの3つである。

　「ぎょしょく」と言えば、魚食が想定され、魚食普及を意味する。しかし、ひらがな表記にすることで、「ぎょしょく」は魚の生産から消費、文化まで幅広く重層的な内容として捉えることができる。具体的には、①「魚触」→②「魚色」→③「魚職」→④「魚殖」→⑤「魚飾」→⑥「魚植」という一連の学習プロセスを経て、⑦「魚食」へ到達するものである。（図1参照）つまり、「ぎょしょく教育」は7つの「ぎょしょく」を通して、魚に関する諸事象を精緻に、かつ、体系的に把握するものといえる。「ぎょしょく教育」の特色は、①地域水産物に対して、7つの「ぎょしょく」から把握することで、地域の自然や産業、

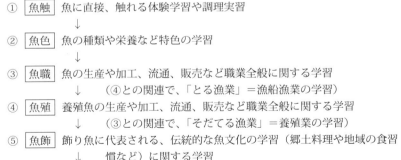

図1　「ぎょしょく教育」のコンセプト（7つの「ぎょしょく」）

文化を総合的に理解できること、②地域水産物を、自然科学と社会科学による文理融合型の多面的な研究アプローチから整理して検討し直すことで、体系的な理解が深まることである。

（2）実践

　愛南町では、前述のとおり、漁船漁業と養殖業、水産加工業が基幹となっている特性をもとに「ぎょしょく教育」の実践を展開している。たとえば、地域で水揚げされたカツオや養殖タイを用いた「ぎょしょく教育」授業を例示してみよう。第1段階では、座学で「魚色」や「魚職」、「魚殖」、「魚飾」、「魚植」などを学ぶ。（写真1参照）第2段階では、「魚触」として、養殖タイのウロコ取り、カツオの三枚おろしやワラ焼きのタタキを体験する。（写真2、写真3参照）第3段階では、タイめし、カツオのタタキなど郷土料理の試食という「魚食」に至る。「ぎょしょく教育」授業は、保護者には「魚食」機会拡大の契機となり、子供には「魚食」の強い欲求と「魚触」への積極的な評価がみられ、五感を重視した体験学習が高い教育効果を生んでいる。

　地域ぐるみで持続可能な取り組みとするために、「ぎょしょく教育」ツールの開発が行われた。地域の水産業を図解した副読本は愛媛農政事務所との協業である。授業のノウハウを解説したマニュアル、子供が遊び感覚で学べるカードゲーム（愛媛大学で商標を登録済み）は農水省の「民間における食育活動促進支援事業（2006年度）」の補助を受

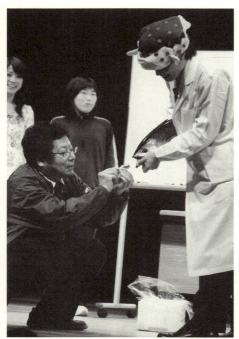

写真1　「ぎょしょく教育」の「魚色」授業
（カツオの解説）

けて作成された。(写真4参照)

(3) 評価

「ぎょしょく教育」の取り組みに関する内容と成果は、テレビやラジオ、新聞など各種メディアに数多く取り上げられたほか、『水産白書』にも2回(2006年版と2007年版)にわたり紹介された。

そして、この取り組みが「地域に根ざした食育コンクール2006」(2007年1月)優秀賞(農林水産省消費・安全局長賞)に選ばれたこともあり、社会的評価は高まった。このコンクールは2003年度から農水省の提唱で実施され、地域に根ざした食育の優れた実践活動を表彰するものである。愛南町ぎょしょく普及推進協議会(産・学・官の関係者で組織)として、2007年度の農林漁業分野で最高位に当たる受賞である。その受賞理由は、①産・官・学の密接な連携が図られていること、②「ぎょしょく」という斬新なコンセプトで水産分野の食育推進を展開していること、③地域住民の支援・協力のもとで地域の特性に根ざした取り組みを展開していることの3つである。また、筆者を

写真2 「ぎょしょく教育」の「魚触」授業
(カツオの三枚おろし)

写真3 「ぎょしょく教育」の「魚触」授業
(カツオのたたき)

写真4 「ぎょしょく教育」のツール
(副読本、実践マニュアル、カードゲーム)

代表とする愛媛大学「ぎょしょく教育」推進プロジェクトチームは2008年11月に大日本水産会から魚食普及表彰を受け、水産業界からも高い評価を得た。

(4) 地域の協働化

このように教育的な効果や社会的な評価を得た「ぎょしょく教育」の実践で看守すべきことは、地域の連携と協力である。教材・食材となった魚の提供、郷土料理の指導と調理をはじめ「ぎょしょく教育」の一連の実践は、地域の様々なステークホルダー（地域に存在する各種の組織・団体とそのメンバー）の支援により完遂できた。（図２参照）その意味で、第８の「ぎょしょく」としての「魚織」、つまり、これを支援し推進するための地域のステークホルダーである組織は重要である。

「魚織」のなかで、愛南町ぎょしょく推進協議会は先導的な役割を果たし、より実践的な活動を推進している。これは従来の魚食普及推進協議会を改称し、地域内外の多様な分野の関係者を幅広く集めて組織され、「ぎょしょく

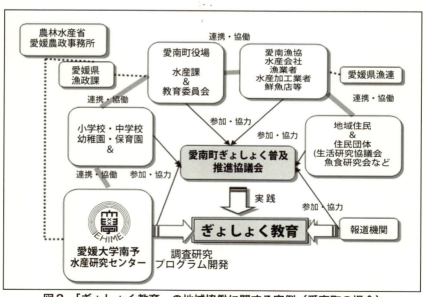

図２　「ぎょしょく教育」の地域協働に関する実例（愛南町の場合）

教育」の連携と協力を強力に推進できる中心的な組織が形成されたのである。構成メンバーも、産（漁協の組合長を筆頭にした漁協関係者、町内の鮮魚店や水産会社など水産業関係者）、学（愛媛大学教員）、官（町の教育委員会や水産課、保健福祉課など行政関係者）で組織されて地域協働の基盤になっている。「ぎょしょく教育」は本協議会を中心に地域のステークホルダーと連携して協力しながら取り組まれ、地域の食をめぐる社会関係の再結合のきっかけになったわけである。これは地域関係団体の深い理解と温かい支援に加えて、食育に対する地域住民の意識の高さも示している。

４．地域水産物と「ぎょしょく」コンテンツ

　本稿では、産・官・学（愛南漁協・愛南町・愛媛大学）の協働で 2014 年に刊行した冊子『ぎょしょく読本　愛南版』のデータに準拠しながら、「ぎょしょく」コンテンツを解説していきたい（5）。その際に、愛南町における地域水産物の代表性を示す的確な題材として、「愛南ぎょレンジャー」に選定された７魚種がある。それらを対象に、それらの特色や魅力を紹介していく。「愛南ぎょレンジャー」は、愛南町の子供たちに「ぎょしょく教育」を通じて地域水産物を身近に感じておいしく食べてもらうこと、地域水産物を町内外に広くＰＲすることの２つの目的で考案されたマスコットキャラクターである（6）。

（１）「アコヤピンク」：アコヤガイ
①魚色

　アコヤガイ（阿古屋貝）は、ウグイスガイ科に分類される二枚貝である。これは、真珠養殖に利用される母貝であるために、真珠貝の別名もある。なお、アコヤは愛知県阿久比町阿古屋で獲れたことに由来する。（写真５、写真６参照）

　貝殻は長さ約 10cm の平たい半円形である。貝殻の外側は緑黒色か緑白色であり、その内側に強い真珠光沢がある。熱帯・亜熱帯の海域に広く分布するアコヤガイは、日本では房総半島以南で見られる。アコヤガイは水深約 20m ま

での岩礁に生息し、青い光沢のある足糸を出して自分の体を岩石に固定して生活する。

②魚殖

アコヤガイは貝殻の内側に異物が混入されると真珠層を巻くことから、養殖に活用されるようになった。真珠の核は他の貝殻を真円状に加工したものである。真珠養殖は愛媛県の宇和海のほか、長崎県の大村湾、三重県の英虞湾などで行われている。愛媛県は真珠貝と真珠母貝について日本屈指の生産量と高品質を保持している。1990年代に発生し拡大した感染症により、真珠養殖は大打撃を受け、抵抗力のある中国産のアコヤガイが導入された。

アコヤガイで育てた真珠は、秋から冬の間に光沢を増してピンク色を帯びてくる。真珠は11月から1月ごろに最も美しい輝きとなり、この時に浜揚げが行われる。入札会は12月から翌年2月に宇和島市で実施されている。真珠の入札時の単位（重さ）はモンメ

写真5 愛南ぎょレンジャー「アコヤピンク」

写真6 アコヤガイの貝柱

（匁、momme、1匁は約3.75g）で国際取引の計測単位となっている。このことは日本が昔から真珠生産国であることを如実に裏付けられる。真珠の直径がミリメートル（mm）、真珠ネックレスの長さ（連）はインチ（inch）である。「月のしずく」や「人魚の涙」と称される円形真珠の発祥地は愛南町御荘地域とされる。

アコヤガイの貝柱は浜揚げの時期のみ、愛南漁協でも取り引きされる。真珠を取り出す際に別に採取された貝柱は、曲玉の形で食用となる。当然、アコヤガイ1枚からは1粒の貝柱であることから、数量が限られて貴重で高価となる。

③魚食

アコヤガイの貝柱は、シコシコとした食感と濃厚な味わいが特徴で、一度味うと、何度でも食べたくなるという。一般的な調理法は串焼きや天ぷら、

茶碗蒸しなどである。以前は保存のために日干したが、最近は冷凍されることも多い。

　愛南町におけるアコヤガイの貝柱の代表的な食べ方は刺身である。そのほかに、貝柱の良さや食感を味わえるのは、醤油とダシを効かせた炊き込みご飯、エビや野菜類と合わせたかき揚げ、唐辛子とオリーブオイルを使ったペペロンチーノ、バターの風味を効かせたバターソテーなどである。愛南町では、この貝柱は2013年から町内の学校給食に利用されている。

（2）「カキアイボリー」：カキ
①魚色

　カキ（マガキ、真牡蠣）はイタボガキ科に属する二枚貝である。殻高が30cm以上になったマガキは、ナガガキやエゾガキとも呼ばれる。掻いて獲るので「掻き貝」とか、雄のみと考えられて「牡蠣」とか記される。マガキの形は付着した場所によって変化し、左右が非対称である。左殻は膨らみが強く、この部分で固着する。日本全体の沿岸域に生息するマガキは、北方で生息するほうが大きくなる。これは通常、潮間帯の岩礁や防波堤、内湾奥の河口域で付着して生息し、殻高5～10cm、殻長5cmとなり、夏季が産卵期である。マガキは、塩分が通常の半分の海水でも生息できる一方、水温や水質など急激な環境変化で大量へい死することもある。(写真7、写真8参照)

写真7　愛南ぎょレンジャー「カキアイボリー」

写真8　殻付きカキと「愛南カキ」

　マガキは「海のミルク」と称されるように、牛乳に匹敵する栄養価を持っている。たんぱく質や脂質、糖質のバランスが良く、カルシウムやリン、鉄などのミネラル、ビタミンA・B・Cなどは豊富に含まれている。これに含

まれる糖質は良質のグリコーゲンで、消化吸収も早く、エネルギー源になり
やすい。

②魚殖

　現在のカキ養殖はマガキが利用され、北海道や岩手県、宮城県、新潟県、
石川県、広島県などが主産地である。養殖方法は、地蒔き法（種苗を潮間帯
に直接、蒔く方法）、杭打ち垂下法（干潟に杭を打ち、ホタテガイ殻などに
ぶら下げて着生したカキを育成する方法）、筏式垂下養殖法（沖合に筏を浮
かべ、ホタテガイ殻に着生させた稚ガキを育成する方法）の３つである。現
在の産地の多くは筏式垂下養殖法を採用している。この養殖法のメリットは、
大量養殖ができ、成長速度が速いことである。

　生鮮利用の多いカキは剝き身を海水パックしたもの、殻付きの活貝も流通
している。生食用カキは、食品衛生法の規定により、大腸菌群最確数が一定
以下の海域で採取されたものか、あるいは、大腸菌群最確数が一定以下の海
水（または、塩分濃度３％の人工塩水）を換水し、又は殺菌しながら浄化し
たものである。生食用カキは数日間、絶食で無菌状態に置いているために身
が痩せているのに対して、加熱用カキは厚い肉質を持っている。カキの殻は
焼かれて、貝灰の肥料、飼鳥や養鶏の飼料、日本画の顔料にも用いられる。
なお、韓国へ技術移転された日本の種ガキは、養殖されて韓国産カキとして
日本へも輸出されている。

　愛南町では、僧都川など５つの川が流れ込んで栄養の豊富な御荘湾で、マ
ガキやイワガキが養殖されている。以前は「御荘かき」や「宇和海かき」、「媛
のかき」などのブランドがあった。それで、愛南町合併を機に、消費者から
今まで以上の高い評価を得るために統一ブランドが誕生した。それは「愛南
がき」であり、丸みと肉厚に特徴を持ち、すべてが加工用として流通している。
これは小ぶりながらも良く締まった身で、香りと味が濃厚という評価を得て
いる。そして、出荷条件（水揚げから出荷までの日数規制し、消費期限を５
日とする）やサイズ制限（変形したものは除き、殻付きであれば１個100
ｇ以上とする）などの規格を統一し、愛南漁協による共販体制が取られてい
る。安全・安心な良質のカキを提供するという方針で、出荷日を11月末か
ら12月中旬とし集中的な受注が行なわれている。注文先は東京築地の業者

や個人客であり、そのリピータ率も高くなり、注文量が徐々に増加している。

③魚飾

日本の古代期に「加岐」と表されたカキは古来より重宝された。ヨーロッパで、カキは古代ローマのシーザーも食したほか、童話『鏡の国のアリス』にも登場する。「Rの文字がない月には、カキを食べるな」という教訓は、5月から8月の夏季は産卵期で身がやせている上、高温で腐敗しやすく食中毒を起こしやすいので、カキの食用を控えることを意味している。

カキを「県の魚」に指定しているのは、広島県（1990年）、宮城県（1992年、「みやぎのさかな10選」の一つ）、静岡県（1994年、「旬のさかな13種」のうち「12月の魚」）の3県である。

④魚食

マガキの旬は12〜2月であり、生食として酢や酢醤油、ぽん酢、レモン、もみじおろし、タバスコなどが用いられる。そのほか、鍋の縁に盛り徐々に溶かしていく土手鍋、寄せ鍋、炊き込みご飯、天ぷら、塩焼き、酢物、酒蒸しなどにマガキが用いられる。洋風料理として、フライ、ホワイトソースのグラタン、コキールやスープ、マリネなどもある。オイスターソースは炒め物や煮物、スープの下味に利用されている。

「愛南かき」は、愛南町で鍋やフライなどにされるが、炭火の網焼き、その身を使った炊き込みの牡蠣めしも好評を博している。

（3）「カツオブルー」：カツオ

①魚色

カツオ（鰹）はサバ科の魚で、紡錘形で円く太い体幹をしている。地方名にはカツ（東北地方）、スジ（山口県、和歌山県）などがある（7）。背びれの後ろにある4つの斑紋は死後に消失し、腹に数本の縦縞が生じる。尾びれは筋1本ごとに楊枝がつくれるほど硬い。（写真9、写真10参照）

北緯・南緯40度の温熱帯域に分布するカツオは、季節的な南北回遊を行い、北海道以南の太平洋岸、九州西岸の海域へ来遊している。太平洋側において、カツオは春より九州四国沖の黒潮に乗って北上し、東北沖あたりまで到達した後、秋に南下する。カツオは沖合の表層域に生息し、群れを形成して高速

写真9 愛南ぎょレンジャー
「カツオブルー」

写真10 日帰りの生鮮カツオ

で回遊している。この群れはナブラ、ナムラと呼ばれ、オオミズナギドリなどの海鳥、流木やジンエイザメ、クジラなどの漂流物に付いて泳ぐ習性がある。それらは双眼鏡やソーナーなどの探索で格好の目印となる。北上の漁期は3～4月に九州や四国地方、5月頃に関東地方、6～7月に東北地方である。カツオはDHAやEPAなど高度不飽和脂肪酸を約24％も含んでいる。

②魚職

　カツオは、一本釣りや旋網、曳縄などで漁獲される。伝統的な一本釣りは、ナブラに漁船を近づけて活餌をまき、散水しながらカツオを誘い込み、一尾ずつ釣り上げて勇壮である。世界的に漁獲が増えている旋網は、「一網打尽」の言葉どおり、網でナブラを囲い込んで大規模に漁獲する。曳縄はトローリング漁法の一種で、船の左右にグラスファイバーの竿を伸ばし、カツオを一尾ずつ釣り上げる。一本釣りや曳縄の生鮮カツオは生食用が多く、旋網の冷凍カツオは生食のほか、鰹節や缶詰に加工される。

　愛南町の「町の魚」はカツオである。愛南町では、3月初めごろから四国沖に北上してくる「上りガツオ」は一本釣りや曳縄で漁獲され、いわゆる、「初鰹」や「走りカツオ」とされる。一本釣りや曳縄のカツオ漁船は早朝に出港し、土佐湾から日向灘までの沖合に設置されているパヤオ（人工の浮き漁礁）周辺に出漁し、カツオのほかにキハダマグロやシイラなどが漁獲される。愛南漁協でカツオが水揚げされる時期は3～6月と8～11月である。「上りガツオ」は1kg未満から10kg以上まで細かく区分して出荷される。他方、「戻りガツオ」は5～8kgが中心で、10kgを超える大型カツオも多い。愛南漁協の入札では

ソロバンが用いられるが、これは全国的にも珍しく時間をかけずにスピーディに処理できる。出荷先は関西圏や関東圏、名古屋圏へと拡がっている。

愛南漁協の日帰りガツオは、魚体がきれいで鮮度も良くて人気がある。現在は、より鮮度を重視したカツオが「愛南びやびやかつお」としてブランド化され、高品質の高級魚と評価されている。「びやびや」は愛南町の浜言葉で「獲れたてで、新鮮な」の意味である。これは鮮明な赤身で、魚の臭みが一切なく、モチモチした食感を持っている。愛南漁協は鮮度と生産流通履歴を徹底管理して契約店へ出荷している。その契約店は愛南町内6店舗のほか、東京都や大阪府にある有名料理店や大手有名デパートである。

③魚飾

5月ごろのカツオを初鰹として珍重するようになったのは江戸期からである。江戸の人は初物を食べると長生きすると考え、カツオなどの初物に夢中となった。天秤棒に担いで売り歩かれた初鰹は、「初物を食することで750日も長生きできる」と評価された。また、初鰹を題材にした有名な俳句に「目には青葉　山ほととぎす　はつ鰹」（山口素堂）、「鎌倉を　生きて出でけん　初がつお」（松尾芭蕉）、「芝浦や　初鰹から　夜の明ける」（小林一茶）などがある。

カツオを「県の魚」に指定しているのは、高知県（1988年、単独）、宮城県（1992年、「みやぎのさかな10選」の「魚類」の一つ）、静岡県（1994年、「旬のさかな13種」で「5月の魚」）、鹿児島県（1994年、「かごしま旬のさかな」18種で「春の魚」4種の一つ）、茨城県（1995年、「旬の魚」4種で「夏の魚」）の5県である。

④魚食

江戸期より淡白でさっぱりした「上りカツオ」が好まれたが、近年は脂ののった「戻りガツオ」の人気が高くなっている。カツオは、腐りが早くて生臭みが出やすいことから、カツオの内蔵や血合いを早めに取り除く必要がある。刺身はわさび醤油、たたきは生姜、にんにく、ネギを薬味にポン酢のタレを用いる。そのほか、角煮や味噌煮、照り焼き、唐揚げ、鮨種、腹皮の塩焼き、酢の物、サラダ、かつお丼、かつお飯、かつお茶めし、酒盗、生節炊き合わせ、カルパッチョ、ステーキなど多様な調理法がある。

愛南町では、モチモチ感を活かした刺身、たたきなどのほか、上述のようないろいろな食べ方をする。

（4）「ヒオウギパープル」：ヒオウギガイ
①魚色
　ヒオウギガイ（桧扇貝、緋扇貝）はイタヤガイ科に属する二枚貝である。別名にアッパッパガイ（三重県）やチョウタロウガイ（長太郎貝、高知県）などがある。ヒノキ材の薄板を束ねて作った扇である桧扇に似ていることが、名前の由来である。（写真11、写真12参照）

写真11 愛南ぎょレンジャー
「ヒオウギパープル」

　殻長は約10cmで扇形である。水深20mくらいまでの岩礁に生息するヒオウギガイは、房総半島以南に分布している。ヒオウギガイは主に、オレンジ色、黄色、紫色、赤色の4種類で、冬季になると、貝の色がより鮮やかになって貝柱の甘みも増してくる。愛南町では、他の地域に比べて鮮明な色となり、海の環境によりオレンジ色の貝が8割ほどを占めている。

写真12 ヒオウギガイの詰合せ

②魚殖
　ホタテ貝より一回り小さいヒオウギガイは真珠養殖の副産物として、真珠筏で何段かに仕切られた円筒形の網籠で養殖される。そして、稚貝から直径約10cmに成長させたものが出荷される。三重県志摩市では、ヒオウギガイが「虹色貝（にじいろかい）」として商標登録されている。そのほか、これは島根県の隠岐諸島、高知県の香南市や中土佐町、大分県佐伯市などで養殖されている。

　愛南町は、ヒオウギガイの生産量が日本一である。宇和海に杉葉を漬けて

採取したヒオウギガイの幼生を約1年半かけて養殖したものが「愛南ヒオウギ」としてブランド化されている。養殖業者の間でヒオウギガイ生産協議会を組織し、規格統一や出荷基準などを設けている。愛南漁協では、秋から冬にかけて、直径8.5cm以上に育ったヒオウギガイは、贈答用として人気があり、箱詰めされて県内のほか東京や大阪などへ出荷されている。

ヒオウギガイの貝殻は、真珠母貝養殖の貝そうじの技術を活かして、オレンジ色、黄色、紫色、赤色、紫色などカラフルな天然色へと研磨される。これらはシーボーン・アートの素材に最適で、ランプシェードなどに活用されている。

③魚食

ヒオウギガイの貝柱は、肉質が良くて甘みがあり、また、磯の香りが強い。そして、ホタテに近い食感、ホタテ以上に濃厚な味わいがある。焼きたては美味しいが、冷めるとホタテより堅くなって美味しくない。最も人気のある料理法は、殻のままの炭火焼きのバーベキューである。そのほか、刺身や煮物、焼き物、ステーキ、さらに、グラタンや炊き込みご飯、お好み焼きの具にも用いられる。また、油との相性が良いために、天ぷらやフリッター、かき揚げなどにもされる。

愛南町でも、ヒオウギガイはバーベキューにすることが多い。それから、酒蒸しにすると冷めても軟らかく食べることができ、また、冷凍保存しても旨味が落ちにくいという。

（5）「ヒジキブラック」：ヒジキ

①魚色

ヒジキ（鹿尾菜、羊栖菜）はホンダワラ科の海藻であり、海中で黄褐色のため、褐藻類に分類される。地方名には、ヒジキモやネイリ、メエなどがある。

茎は円柱状で紡錘形の枝や葉が発達し、体長は40cm～1mまで成長する。岩場に群生する天然ヒジキは北海道南西部から沖縄本島まで分布する。だた、日本海側では、青森県から能登半島にかけて生育していないが、新潟県の粟島のみにみられる。（写真13、写真14参照）

ヒジキは低カロリーで、カルシウムやカリウム、リン、鉄分などミネラル分が豊富でアルカリ度が高い。特に、カルシウムは干しヒジキ100gあたり

1.4gも含まれて牛乳の約13倍、また、鉄分がホウレンソウの約15倍、食物繊維もゴボウの約7倍に達する。

②魚職

ヒジキは晩春以降に硬くなってしまうので初春までに収穫される。生では渋みが強くて食べれないことから、ヒジキは刈り取った後、煮て灰汁抜きをして干される。その後、塩抜きしてゆでて天日干ししたものが最高級品となる。250kgの乾燥ヒジキは、水で戻せば約2.5トンに増量される。

ヒジキは、芽ひじき（柔らかい芽の部分）、ひじき（葉の部分）、長ひじき（茎の部分）と3つの部位に区分され、それらは料理に合わせて用いられる。ヒジキは、そのまま食材になるほか、佃煮、ふりかけ、お茶漬けなどの調味加工品にも用いられる。国内で販売されているヒジキの約8割は韓国や中国から輸入された天然物である。

写真13 愛南ぎょレンジャー「ヒジキブラック」

写真14 収穫されたヒジキ

③魚殖

愛南町では、真珠母貝養殖の閑散期に設備を活用して、国内有数となる栽培ヒジキの産地化を進めている。真珠母貝養殖の16業者が2009年に試験養殖を開始して、2000年11月から21業者によって本格的な養殖が推進されている。100mの長さのロープにびっしりと3m以上に茂ったヒジキは鎌で刈り取れた後、九州の加工業者へ運ばれて乾燥加工される。愛南町産の栽培ひじきの新物が県内外で販売され、その売れ行きは好調を維持している。

④魚食

ヒジキは古くから食用されており、煮物が最も一般的な料理法である。そのほかには、酢の物、お茶漬け、炊き込みご飯にもヒジキが用いられる。乾

燥ヒジキの場合、10倍以上の水で戻し、よく水洗いしてから調理する必要がある。三重県志摩地方では、ひじきの白和えが冠婚葬祭の料理として提供される。韓国では、胡麻油や醤油で調味した和え物が食されている。

愛南町内では、愛南町産の栽培ヒジキを利用したメニューが学校給食や病院食でも提供されている。

(6)「ブリグリーン」：ブリ
①魚色

ブリ（鰤）はアジ科の魚で、サンカ（富山県）やサンネンゴ（兵庫県）、オオイナ（高知県）などの地方名がある。潮通しの良い沿岸から沖合にかけて生息するブリは、青森県以南で沖縄を除く日本各地に分布し、体長100cmで体重15kgを超える成魚もいる。（写真15、写真16参照）

ブリの栄養価をみると、タンパク質や脂質が豊富である。血栓性疾患をふせぐEPA、脳細胞を活性化するDHAなどが20％以上含まれる。ビタミンB1やビタミンB2も、魚類の中では多い。

写真15 愛南ぎょレンジャー「ブリグリーン」

ブリは成長とともに名前の変る出世魚の代表格である。名前は体長で区分され、関東では、モジャコ（20cm以下の稚魚）〜ワカシ（20cm〜40cm）〜イナダ（40〜60cm）〜ワラサ（60〜80cm）、ブリ（80cm以上）の5つに変化する。他方、西日本ではモジャコ〜ツバス〜ハマチ〜メジロ〜ブリと、名前が変わる。関東では、イナダとワカシは天然魚に限って使用され、養殖魚をハマチと呼んでいる。西日本では、ハマチは元来、ブリの小型魚とされたが、現在ではブリの稚魚を短期

写真16 水揚げされたブリ

で育成したものを意味する。なお、愛南町では、ハマチはイナダとワラサの両方（40 ～ 80cm）のことである。

②魚職

　天然ブリは定置網や旋網などで漁獲され、その多くが生食用で鮮魚出荷される。天然ブリは、氷冷出荷のほか、活魚輸送も積極的に行われている。冬季の天然ブリは「寒ブリ」と呼ばれ、脂がのって美味で高価で取り引きされる。北陸では冬季に産卵のために岸近くまで南下するために大型定置網が利用され、特に、富山県の「氷見ブリ」は有名である。

　養殖ブリは瀬戸内海から宇和海、九州全域で盛んに生産されている。春に捕獲される天然のモジャコは、生簀で約 4 kg のハマチに育成して出荷される。養殖用の餌はイカナゴやイワシ、アジであり、ハマチ 1 kg を育てるのに 8 kg の餌が必要とされる。ブリ養殖の課題として、販売価格の低迷、餌の価格高騰、赤潮による大量死などがある。

　愛南漁協で天然ブリが定置網や旋網でまとまって漁獲されるのは、年に数回である。水揚げされると、天然ブリは鮮魚で取り引きされ、大まかにサイズごとに分けられた後、1 尾ずつ計量してパレットに並べられる。そして、それらは通常のもの、痩せたもの、キズがあるもの、大きい傷又は死後硬直したものと、4 つに区分される。春から夏の天然ブリは脂の乗り具合にバラツキがあるために、魚価は変動する。水揚げが多いと、脂ののりを見ながら数匹ずつ計量した後、札で入札することもある。また、定置網の天然ブリは、網で傷ついたり擦れたりしたりするので徹底した分別が行われている。

　養殖ブリ（養殖ハマチ）は、愛南漁協で、随時、取引されるが、冬季になると値上りするので水揚げが増加する。愛南町内のブリ養殖業者は、原則、自社ですべて出荷しているが、愛南漁協に出荷する場合もある。愛南漁協の選別はブリ（80cm 以上の大型）、ハマチ（60 ～ 80cm 以下の中型）、キズモノ（魚の表面にキズがあるもの）、ヤセ（栄養不足で腹部周辺が痩せているもの）、アガリ（締め方が悪くて死後硬直のように固まったもの）の 5 種類である。養殖ブリは、天然ブリに比べて安価で流通量が多く、切り身や刺身で販売されている。

③魚飾

　出世魚のブリは縁起の良い魚とされる。漢字「鰤」の由来には、師走の時期を旬とする意味もある。関西では、寒ブリや塩ブリを正月の祝物とする習俗があり、正月料理に不可欠な食材で、カブと麹に漬けた「かぶら鮨」や「藁巻き鰤」が有名である。また、北陸では保存食にブリが重用された。

　ブリを「県の魚」に指定しているのは、鹿児島県（1994 年、かごしま旬の魚で、冬のさかな）、福岡県（1994 年、ふくおかのさかな 12 種）、静岡県（1994 年、旬のさかな 13 種で、1 月の魚）、石川県（1995 年、四季の魚 6 種で、冬の魚）、香川県（1995 年、ハマチを指定）、長崎県（1996 年、12 種のうち、冬の魚）、富山県（1996 年）である。

④魚食

　ブリは、少し赤みがかかった白身の魚である。その旬は冬であり、脂が乗って美味しいのが寒ブリである。魚体の大きさで味わいが大きく異なる傾向をもっている。生食では体長 40 〜 60cm サイズが良いとされ、2 kg 以下の小型魚は脂ののりが少ない。料理法は、刺身や鮨種が一般的で、カルパッチョにもなる。そのほかに、塩焼きや照り焼き（生姜醤油、みりん醤油、味噌醤油のつけ焼き）、しゃぶしゃぶ、頭やカマ、アラなどを煮込んだブリ大根、あら煮、粕汁など、部位をあますことなく使われる。小型魚は煮付けや焼きもののほか、ピーマン詰め、バター焼など洋風にもなる。

　愛南町では、刺身や塩焼き、照り焼き、ブリ大根、しゃぶしゃぶが定番であり、醤油や味醂に漬込んでフライにも調理される。ブリは保育所や小中学校の「ぎょしょく教育」授業でも提供されている。

（7）「タイレッド」：マダイ

①魚色

　マダイ（真鯛）はタイ科の魚で、命名の由来は諸説あるが、体形が平らな魚であることに起因するという。地方名にはオオダイ（関東）、ホンダイ（関西）、メヌケダイ（長崎県）などがある。日本でタイという名前がつく魚は 200 種類あまりに達するが、タイのなかのタイ、魚の王様とされるのはマダイである(8)。（写真 17、写真 18 参照）

写真17 愛南ぎょレンジャー「タイレッド」

写真18 天然のマダイ

マダイの体色は赤紅色で、背に散在する群青色の小斑点が死後に暗色へ変化する。マダイは水深約200m以浅の岩礁や砂泥底に生息し、春から夏に沿岸の浅場へ、秋から冬に沖合の深場へ季節移動をする。産卵期は春から夏で、通常、成魚の体長は50cm以下であるが、1mに達する場合もある。マダイは北海道南部以南に分布し、日本海南部や瀬戸内海に多く見られ、琉球諸島周辺にはいない。マダイの群れには、ほとんど回遊しないものと南北回遊をするものの2種類がある。

マダイには、DHAやEPAなどの高度不飽和脂肪酸が20％も含まれている。サクラダイ（桜鯛）は、桜の花が咲き始める3月から産卵のために浅瀬へ来るマダイのことで、その旬を意味する。この時期のマダイは、1年のなかで体色もきれいで青い小斑点も際立ち、脂がのって最も美味とされて珍重される。

②魚職

　マダイは底曳網や一本釣り、船曳網、刺網、延縄などで漁獲される。九州西海域では秋から春にかけて漁場が形成され、全国の漁獲量の半数近くを占める。漁場は高知県で秋から初夏、相模湾で夏から秋、三陸では春から初夏にかけて形成される。その多くが鮮魚利用され、活魚の流通も多い。なお、一部は、かまぼこなど練り製品、でんぶ、ふりかけなどの調味加工品の原料にもなる。

　愛南町では、マダイは周年で漁獲されるが、2月末から徐々に一本釣りのほか、旋網や敷き網、立て網でも多獲される。愛南漁協では、1日の水揚げ量は少ないと約100kg、多ければ1トンに達して不安定になる。活魚の場合、漁

船が入港すると、最初に愛南漁協の海水槽に生きたまま、1 kgから4 kgまで4段階にサイズ分けして水揚げされる。朝市では、活きたまま専用のマットに水槽から出して、そろばんで入札される。その場で活〆しない場合には、仲買人は水槽に自分の札を貼り、マダイが水槽へ戻される。サクラダイの時期には、量も安定し単価も良くなり平均的に値崩れが少ない。他方、5～6月の産卵後のムギワラダイ（麦わら鯛）は、身が細って浜値も最低となる場合が多い。

③魚殖

マダイは天然魚のほか、養殖魚や輸入魚もあり、年中出荷されている。特に、養殖マダイの生産量は増加傾向にある。天然タイと養殖ダイの区分は体色や尾びれなどで判別しやすい。マダイの鮮赤色はアスタキサンチンという色素によるものである。したがって、養殖ダイでは、飼料にオキアミから精製した色素を加えたり、紫外線による黒色化（日焼け）を避けるために生簀を沈めたり、遮光シートをおおったりするなどの工夫をしている。

④魚飾

縄文期の貝塚や遺跡からタイの骨が出土し、また、神話や古事にタイに関する多くの逸話が残っており、タイと日本人の関係は古くから深い。福を呼び込む古来信仰と食文化の融合がみられるタイは、福を招く魚のシンボル的な存在とされ、祝事のほか、神仏への祈願や返礼に多用されている。

⑤魚食

マダイの身は引き締まった、歯ごたえのある白身の肉質で、甘みがあり、他の魚に比べて臭みや脂肪などクセも少なく食べやすい。マダイの骨は硬く、刺さると取れにくいので、丁寧に下ごしらえをする必要がある。マダイ頭部を兜煮や揚げ出しに、中落ちを潮汁に、さらに、きれいな色の皮も油で揚げて煎餅になるなど、あますことなく利用できる。マコ（真子、卵巣）は、すまし汁や煮付けに良い。また、活け締め後1日を経たマダイは、旨み成分のイノシン酸で熟成されて美味になる。

サクラダイは、脂がのって最もおいしく、見た目も鮮やかなピンク色で食欲をそそり、ハナミダイ（花見鯛）とも呼ばれるように、春の季節感とマダイの旬が楽しめる。花見の会席料理で、サクラダイは塩焼きや鯛めし、煮付け、唐揚げなどの別格の扱いを受ける。

マダイは愛媛県の「県の魚」であり、愛媛県民にとって身近な魚である。愛南町におけるマダイの定番料理は、刺身や塩焼き、吸い物、煮付け、しゃぶしゃぶ、海鮮鍋、唐揚げ、カルパッチョ、フライ、潮汁、鯛茶漬け、鯛めし、手まり寿司、鯛レッ丼（揚げたタイの丼）など多種多様である。

5．おわりに：「ぎょしょく教育」の地域的意義

「ぎょしょく教育」の提唱と実践は10年以上を経過したが、単なる地域イベントではなく、ツール開発や地域協働化などを経て新たな段階に入ったといえる。本稿では、「愛南ぎょレンジャー」をもとに愛南町の代表的な7種類の地域水産物を素材にして、例示的に「ぎょしょく」の解説を試みた。限定的な解説であるが、地域水産物の持つ特異性や類似性を垣間見られ、それらが新たな魅力を持ち、価値付加につながる可能性があると言えよう。今後、「ぎょしょく教育」が水産振興と漁村活性化に向けた役割を果たすには、「ぎょしょく」コンテンツの拡充をはじめ多様な取り組みが不可欠である。

「ぎょしょく教育」の地域的意義として、2つが想定できる。第1に、教育的な意義としては、「ぎょしょく教育」が地域活性化の基盤としての、地域の教育力を高める可能性を持っていることである。これは、地域資源の発掘～活用～伝承を前提とすることから「地域理解教育」としての役割を果たし、地域の社会関係そのものを豊かにして、水産業と地域社会を紡ぐことができる。第2に、産業的な意義としては、「ぎょしょく教育発祥地・愛南」をセールスポイントとした町内外の多様な戦略により、地域水産物のブランド化の手立てとなることである。地域の実質的な食育活動をもとに、六次産業化による「ぎょしょくビジネス」の展開に向けた取り組みが積極的に推進できよう。愛南町では、「ぎょしょく教育」が、まちづくりの基本コンセプトの一つに位置付けられている。「ぎょしょく教育」は地域の連携と協働を基盤にして、質的な向上と面的な拡がりが更に求められる。「ぎょしょく教育」を柱にした食育実践により、今後、食に関わる地域の産・学・官・民の連携をさらに連帯へと押し進め、水産振興や漁村活性化に取り組んでいく必要があろう。

注

（1）筆者は、これまでに「ぎょしょく教育」に関して多方面でとりまとめてきた。代表的なものに、若林良和（2007）、若林良和（2008）、若林良和（2009a）、若林良和（2018）などがある。

（2）愛南町の後、県内では今治市や宇和島市、八幡浜市で、また、県外では沖縄県宮古島市、鹿児島県枕崎市、島根県西ノ島町、石川県七尾市、新潟県柏崎市で、それぞれ普及し展開されている。

（3）「愛南びやびやかつお」の詳細は若林良和（2017）を参照されたい。

（4）愛南町を「日本漁業の縮図」として位置付けた文献として、若林良和（2011c）がある。

（5）この冊子は前述した7つの「ぎょしょく」に区分して、愛南町で水揚げされる主要な魚介類55種を解説したものである。詳細は、愛媛大学南予水産研究センター社会科学研究部門編（2014）を参照されたい。この冊子作成にあたっては、2013（平成25）年度愛媛大学地域連携プロジェクト支援経費を得て、愛南漁協の澤近圭亮氏、愛南町役場水産課の上田耕平氏から絶大なる協力を得た。

（6）このキャラクターの原画を町内の小学生が作成し、それを南宇和高等学校の生徒がリメイクした上で、専門イラストレーターによって仕上げられたものである。また、これら7体に加えて、2016年に悪役「ぎょレンジャー・ダーク」として「アカシオン」や「ゴミエモン」、「タイフーン」も設定された。これらは漁業被害をもたらす台風、赤潮、ごみをモチーフにしている。

（7）本稿では、カツオの詳細を記述できなかったが、筆者はこれまでに整理して検討した経緯がある。その詳細は若林良和（2004）、若林良和（2009b）、枕崎カツオマイスター検定委員会（2011）を参照されたい。

（8）本稿では、タイの詳細を記述できなかったが、筆者はこれまでに整理して検討した経緯がある。その詳細は若林良和（2011a）、若林良和（2011b）を参照されたい。

参考文献

愛媛大学南予水産研究センター社会科学研究部門編（2014）『ぎょしょく読本　愛南版』、愛媛大学

枕崎カツオマイスター検定委員会編＜編集代表・若林良和＞（2011）『カツオ学入門』筑波書房

若林良和（2004）『カツオの産業と文化』成山堂書店

若林良和（2007）「地域水産業と食育」『地域漁業研究』47（2・3）

若林良和（2008）『ぎょしょく教育　愛媛県愛南町発水産版食育の実践と提言』、筑波書房

若林良和（2009a）「水産業・漁村の多面的機能と食育」山尾政博ら編『日本の漁村・水産業の多面的機能』北斗書房

若林良和（2009b）『カツオと日本社会』筑波書房

若林良和（2011a）「養殖マダイの価値再生　－商品として、消費から生産～加工・流通を見直す－」『地域漁業研究』51（3）

若林良和（2011b）「第11章　愛媛のマダイの魅力を探る　－生産と文化に関する二面的アプローチから－」大隈満ら編『ゼミナール 農林水産業が未来を拓く』農文協

若林良和（2011c）「誰でも分かる、特別講義　日本の漁業の縮図・愛南町」『一年中、旬。』（愛南漁業協同組合パンフレット）

若林良和（2017）「地域資源としての民俗語彙による価値創出－浜言葉を活用したカツオのブランド化を事例として」『愛媛大学社会共創学部紀要』1（1）

若林良和（2018）「「ぎょしょく教育」活動の軌跡と新展開 ─水産分野における就学前食育の検討─」『水産振興』612：52（12）

第2章

漁協女性部による課題マネジメントと地域活性化
－ 愛媛県宇和島市を事例として －

藤田昌子

1. はじめに：漁協女性部と漁村地域

　現在の漁村地域では、基幹産業である水産業の不振、漁家所得の減少、過疎化・高齢化の急速な進行など課題が山積している。一方で、水産業・漁村地域がもつ新鮮で安全な食料を安定的に供給する本来の機能に加えて、生命・財産の保全、物質循環の補完、生態系の保全、交流の場の形成、地域社会の維持・形成などの多面にわたる機能が重視されている。漁業協同組合女性部（以下、女性部）は、漁村女性の最も基本的な組織である。その活動内容は、浜掃除や石けん運動といった地域の環境保全活動の他に、魚食普及活動、福祉活動(1)、女性の地位向上(2)、地域特産の水産物や未利用の水産物の加工・販売など地域に密着した活動を行い、日常的に漁村地域を支えてきたことから、水産業・漁村地域の多面的機能の担い手としての役割が期待されている。

　しかし、全国の女性部は1987年の1,415組織、部員数は1961年の226,664人をピークに、2018年4月時点では660組織、部員数34,190人まで落ち込んでいる。漁協の合併に伴う女性部の統廃合、漁業不振による組合員の減少や他に仕事をもつ女性の増加による漁家女性の減少などにより、女性部ならびに部員数の減少が深刻化している。

　本章では、解散の危機を乗り越えた女性部を事例として取り上げ、地域生活課題のマネジメントと成果の過程を（1）女性部レベル、（2）地域社会レベル、（3）地域産業（水産業）レベルの3視点から総合的に捉え、女性部による地域活性化の特徴と可能性について考察する。

　本章で事例とする女性部は、部員数の減少や活動の停滞により解散の危機

に遭遇し、組織・運営体制を大幅に改編させたこと（3）、従来の環境保全運動や魚食普及活動に加え、地域資源を使った加工品開発と移動販売活動を開始したことで、解散の危機を乗り越え、活動を継続・発展したところに特徴がある。そして、その功績は、2012年以降、農林水産大臣賞、内閣総理大臣賞、環境大臣表彰、愛媛農林水産賞優秀賞をはじめとする数々の表彰を受け、全国的にも先駆的成功事例と高く評価されていることから、本章の課題を考察するうえで適当な事例として選定した。

2．対象事例の概要

（1）地域の概要

　調査対象とする女性部がある漁協は、愛媛県南西部に位置し、リアス式海岸で、さらには黒潮の分流が流れ込むため潮流・海水温が養殖に適しており、地形と地理に恵まれた養殖に最適な条件が揃っている。人口は、2000年から2015年の15年間に0～14歳の年少人口は243人（人口1,310人に占める割合18.5％）から97名（人口873人に占める割合11.1％）まで激減し、一方で65歳以上人口も344人から313人と減少しているものの、老年人口割合は26.3％から35.9％へと増加し、少子高齢化が急速に進んでいる（4）。また、漁業従業者は、2000年は545名（男性303名、女性242名）であったのに対し、2015年には205名（男性135名、女性70名）と大幅に減少している（5）。

（2）漁協女性部の概要と歴史的経緯

　女性部（発足当時の名称は婦人部）は、全国的に一般的な漁家女性の強制加入組織として1955年3月に発足した。しかし、その5年後に漁協が倒産したため、女性部員たちはウエスづくりなどで得たお金を漁協に入れるという貯蓄運動を行って運営資金を作り出し、経営破綻した漁協を粘り強く支えてきた。また1965年以降養殖用の生エサなどにより海が汚れ、赤潮が発生していたことから、1970年に海を美しくする運動を開始した。1975年からは「合成洗剤は使わない、売らない、残っている合成洗剤は漁協が買い

取る」という地域ぐるみの合成洗剤追放運動を展開した。そして、小学校などの講習で手づくり石けんを広めていき、現在の女性部の主な活動の一つである EM 石けんづくりに引き継がれている。さらに、魚離れの食い止めと子どもの健康増進を目的に、地区内の小学校の給食に魚が出ない日（週に 3 回程度）に、煮干し 3 匹を給食に出すという「煮干し 3 匹運動」を 1988 年に開始した。その後 2011 年から地区内の保育園でも「煮干し 3 匹運動」が開始された。その他にも子どもや保護者、地域住民などを対象に「お魚教室」を開催し、魚食普及に努めている。

　このように地域に密着しながら精力的に活動を続けていた女性部であったが、1969 年から 1999 年の間は 250 名前後で推移してきた部員数が 2000 年に入ると 200 名を割り、2007 年には 147 名まで減少した。これまでの女性部は地区の各集落からそれぞれ 1 ～ 3 名の役員を選出し、役員のみが女性部活動の大半を行ってきたが、2008 年 2 月女性部役員改選にあたり、役員の成り手がいない集落が出てきたため、総会が開催できない事態が起った。女性部の「解散」の声もあがるようになり、不況で漁家経営が厳しさを増すなか、「強制参加」では女性部の運営が難しいことから「自由参加」の活動へ踏み切ることになった。継続を希望した 51 名で新生女性部が 2008 年 5 月にスタートした。しばらく様子をみて判断しようと考えて残った人もおり、その後退会や入会を繰り返して、2015 年 3 月時点で 24 名となっている。女性部員の平均年齢 47.0 歳（27 ～ 63 歳）と全国的にみて若い女性部である。女性部員の家業は、養殖業が 62.5％、養殖業以外（元養殖業、元漁協職員など）が 37.5％と、養殖業以外の部員も多いことも特徴的である。

3．漁協女性部による地域生活課題のマネジメント
（1）女性部レベル
①女性部活動と家業や子育てなどとの両立
　女性部活動を継続するにあたって、家業や子育てとの両立がネックとなっていた（6）。時給制を導入することで、家業や子育てをしながら女性部活動に参加するインセンティブが発生する仕組みにした。その結果、若い世代の

部員も増え、幅広い年齢層の部員を確保できた。

　また、イベントで商品の販売を続けるなか、家業や家事・育児などに従事している間でも売れ、次回のイベントに持ち越しできる商品として、レトルトや瓶詰商品の必要性を感じ始めた。そこで、漁協からの運営資金のうち4割を研修費として予算化し、また行政からの補助金を効果的に運用し、自分たちの課題に応じた商品の開発を行った。例えば、研修費を活用し、県内の専門学校と協働して開発したヒジキの加工品の瓶詰を商品化したほか、愛媛県漁協女性部連合会のシービジネス支援事業 (7) を活用し、愛媛県の郷土料理である鯛めしの素をレトルト商品、宇和島の郷土料理である鯛さつまを瓶詰商品として開発した。このように漁協からの運営資金や行政からの補助金といった経済的資源を効果的に運用することで、自分たちの課題に応じた商品開発を可能にした。しかし、現在は、製造元や製造上の問題で、レトルトや瓶詰商品は作っていない。

　この加工品の製造を当初は地区内外の公民館や食品営業許可をとった当時の女性部長の家などで行っていたが、その度に鍋などの調理器具を持ち寄るなど体力的・時間的に負担が大きかった。そこで、組合長と交渉した結果、漁協の倉庫を改装することになり、活動拠点（加工場）を確保することができた。さらに、作業工程の一部を外注することで、部員の時間や労力といった人的資源への負担を軽減し、両立が図りやすくなるようにした。

②付加価値を高めた商品開発と販売促進活動
❶外部人的資源の活用

　地域水産物の加工品の開発・販売は、多くの漁協女性部や漁村女性グループが既に手掛けており、目新しさのない鯛めしやお魚バーガー、海藻の加工品では独自性を打ち出すことが難しい。女性部は、愛媛県内の教育機関、企業、旅館、レストランなどの専門家（人的資源）と協働することで、商品の付加価値を高めている（表）。

　最初に女性部が協働したのは漁協の加工場と取引があった県内食品製造企業で、商品開発のノウハウを習得しながら、鯛めしの素（レトルト商品）を開発した。しかし食品添加物を使用していたため、人体にも環境にも配慮した石

表 専門家（人的資源）との協働

実施年	協働先	協働内容	協働のきっかけ
2008 年	県内食品製造企業 A	レトルトの鯛めしのレシピ開発（調味料の提供）	漁協の加工場で取引している企業
2008 年〜2013 年	県内食品製造企業 B	レトルトの鯛めしのレシピ開発（調味料の調合）	県内食品製造企業 A からの紹介
2009 年〜現在	デザイン会社	地区をイメージする統一デザイン	漁村女性起業家育成支援事業起業家セミナーでのつながり
2010 年	市内イタリアンレストラン	じゃがいもアイスのレシピ開発	市役所の職員（元地区の公民館主事）の紹介
2010 年	県内道の駅	じゃがいもアイスの製造（外注）	B 級グルメ選手権での出会い
2011 年	県内老舗旅館	鯛めしのレシピ開発（無添加バージョン）	県漁政課からの紹介
2011 年〜2013 年	県内調理専門学校	ヒジキを使った加工品のレシピ開発と指導	漁協職員がおさかなママさんとして活動していた関係での専門学校の先生とのつながり
2014 年	県内水産高等学校	アコヤ外の加工品のレシピ開発鯛めしの素のレシピ開発	

出所）インタビュー調査により筆者作成

けん普及活動を実践している女性部がめざす商品ではないとして製造を中止した。そして養殖ダイの味を最大に引き出した無添加の商品開発をめざし、松山市内にある老舗旅館の料理長と協働でレシピ開発を行った。さらに料理長から調理技術や衛生管理技術も細かく指導を受けスキルアップすることで、従来の浜の女性がつくった家庭の味を売りにした鯛めしではなく、専門家との協働で養殖ダイの美味しさを最大限に活かした商品開発を行っている。

　また、県内の専門学校とは、ヒジキの加工品の商品開発を 3 年間推進してきた。初年度は「ひじきのおかず味噌」「ひじきの佃煮」「ひじきのカップケーキ」「ひじきのバーニャカウダ」のレシピ開発である。当初の専門学校が提案したレシピでは「ひじきのおかず味噌」には合わせ味噌が使われていたが、本地区では合わせ味噌は食されておらず、各家庭でつくっている麦味噌に材料を変更した。「ひじきの佃煮」も最初はチリメンが入っていたが、地区ではチリメンが採れないため代わりに山椒を入れ「香りひじき」という商品にアレンジした。最終的にこの年は「ひじきのおかず味噌」「香りひじき」「ひじきのカップケーキ」を商品化した。2 年目は「ひじきのかりんとう」「ひじきご飯」「ひ

じきハンバーグ」「ひじきのロールケーキ」のレシピを開発し、「ひじきのかりんとう」「ひじきご飯」を商品化した。3年目は、「ひじきの天ぷら」「ひじきのふりかけ」などのレシピ開発が提案されたが、商品化には至らなかった。商品化しないメニューであってもレシピは残しており、地域のイベントや女性部への視察時に注文が入る食事（バイキングや弁当）に活用している。

このように協働して開発したものをそのまま商品化するのではなく、地域の食文化や食材、女性部のポリシーに基づき女性部流にアレンジして、地域資源（養殖ダイや海藻など）の付加価値を高めた商品を開発している。そして、商品として販売する以上は味や衛生面にこだわり、専門家と協働して地域資源を活かす最適な調理方法・衛生管理で付加価値の高い商品の販売に成功した。

❷先見性のある計画と実行

商品開発などにかかわる補助金の取得に関して、漁協や行政からの支援はあるが、その後の商品の販売場所や売上まで保証してくれるわけではない。それを見越して、女性部は販売促進活動の計画を立て、実行してきた。例えば、年に数回の県から依頼されるイベントだけでは活動の維持は不可能なため、まず四国B級ご当地グルメ連携協議会（8）に加入して積極的にフェスタなどのイベントに参加することで、販路拡大につなげ、他の参加団体との交流・情報交換・競争などを通して、ネットワークの形成や協力体制につなげていった。さらにNPO法人が愛媛県からの委託事業で推進しているえひめのご当地グルメ振興事業のイベントなどでも販路やネットワークの拡大に努め、1日に複数個所でイベント販売をこなすなど稼働日数を増やし、売上を年々アップさせてきた。しかし、部員への負担が大きく、気力だけでは数年しか持続しないとして、見直しを図った。稼働日数を抑えたため売上総額は減少したが、これまでの販売実績を分析し、計画的に販売活動を行うことで、稼働日数1日あたりの売上を伸ばし、持続性を念頭に置いた運営に転換した。

③消費者目線での活動

女性部員の家業の多くは養殖業あるいは元養殖業である。養殖業者の顧客は仲買人で、直接消費者と関わることはなかったことから、当初、女性部員

たちに消費者目線での商品考案はできていなかった。これまでの取引相手である仲買人には「売る」という感覚で魚を扱ってきたが、販売活動を行い、実際に消費をする客と対峙することによって「売る」から「買っていただく」という気持ちが芽生え、意識が変革した。このように、イベントでの対面販売を通し、常に消費者の生の声を聞きながら商品改良を重ねることで、消費者目線での商品開発・加工を推進している。

（2）地域社会レベル
①地域の知名度向上
　宇和島市内だけでなく、市外や愛媛県外での販売活動が増えるにつれ、県外はもとより県内でも地域の知名度が低いことが課題として浮上し、部員たちは衝撃を受けた。地区には国の重要文化的景観があり、観光客が多く来ているので有名であると思っていたからである。販売活動を始めた当初は商品を少しでも多く売ることに重点を置いていたが、現在は地域の理解や知名度向上の必要性に気づき、消費者との対面販売を通じて地域や養殖への理解を深め、そのためには地域全体を売り込んでいく必要性を認識するようになった。

　そこで、女性部は県漁政部の情報提供と支援により、漁協と一体となって国の補助金を得て、加熱調理器具、冷凍冷蔵庫、水道設備を備えた移動販売車を取得し、2010年度より新たな事業として水産加工・移動販売プロジェクトを始動した。

　本プロジェクトでは子どもたちと地域の成長と可能性を願い、海・魚・子どものデザインが作成され，海や魚を子どもたちに引き継ぐという想いが込められた。養殖魚や真珠の価格が値下がりするなか、地域漁業の発展は子どもたちが生涯この地区で暮らせる地域づくりにつながり、それには地区の知名度向上も必要であると考えたからである。

　移動販売車をはじめ全商品のパッケージ、持ち帰り用袋・箱、ユニフォーム、リーフレット、ポスターなど全て統一デザインを用いることであらゆる場面で「地域」を感じとれるようになっており、一貫して地域ブランドをPRすることが可能となった。

②地域の高齢化への対応

　高齢化が進展し、地区内の単身高齢者世帯や夫婦のみの高齢者世帯が増加するなか、「高齢者福祉に役立ちたい」という想いのもと、2011年から、これらの高齢者を対象に、年に1回、弁当にメッセージをつけて配布を始めた。社会貢献として高齢者には好評の活動であったが、高齢者とは配達時のかかわりにとどまっており、また近年縮小している高齢者同士の交流につながってないことが課題であった。そこで、高齢者を招待して、地区の小学校の体育館で宴遊会を開催し、昼食（鯛めし、芋炊きといった郷土料理などが入った弁当）とアトラクション（ダンス）を提供した。初年のアンケートで、「子どもや孫、地域の将来のために残したい料理」として同地区に伝わる花餅が挙がったため、2年目からは参加型イベントとして花餅づくりを取り入れ、カラオケ、ダンスを観覧しながら、昼食（包丁汁、おにぎり、ぜんざい、花餅）を楽しんでもらった。この包丁汁も地域の郷土料理で、魚をベースにした出汁に小麦粉を練って包丁で切ったうどんを入れたものである。地域内で高齢者が集まる機会はほとんどなくなっているため、宴遊会は高齢者が交流する場になっていたが、担当者の関係で現在は実施しておらず、弁当の配布のみ継続している。

③地域交流の活発化

　子どもから高齢者までが参加する地区対抗市民運動会は2009年を最後に中止され、地域イベントが減少していた。「地域交流を活発化したい」という想いから、宇和島市が創設した地域づくり交付金（9）を活用し、2014年に第1回盆踊り大会の開催と5年ぶりの市民運動会の復活にも女性部は参画した。

④地域の食文化の継承

　「地域の食文化を残したい」という想いからは、地元の小中学校での郷土料理実習で包丁汁や鯛めしの実習を実施している。そして、前述した宴遊会では、高齢者が郷土料理である花餅づくりを楽しむとともに、女性部員たちも高齢者から地域の食文化を引き継ぐ機会になった。

（3）地域産業レベル

①養殖魚に対するイメージの改善

　水産加工・移動販売プロジェクトを開始し、宇和島市以外でも加工品を販売するなかで、養殖魚に対してクレームをつけられたこともあった。愛媛県の海面養殖生産額は全国第1位にもかかわらず、県内でも天然魚神話が強い人がおり、養殖魚に対する偏見があるという事実を知ったのである。養殖業が盛んな宇和島では養殖魚に対する評価を気に留めたことはなかったため大きな衝撃であったが、養殖魚を取り巻く現状を認識することができた。そこで養殖魚について消費者に理解してもらうために、対面販売のなかで養殖魚には人体にも環境にも配慮したエサや栄養剤を与えていて、安全性はもちろん味や食感もよく、品質が高いことを伝え、実際に商品を食べてもらった。養殖魚の味の良さを体感することで、リピーターも増え、最近では養殖魚に対して客からのクレームはなくなっており、養殖魚を取り巻く環境が変わってきていることを実感している。

②給食における地産地消

　地区内にある保育所では、地元で毎朝水揚げされている魚があるにもかかわらず、給食では外国産の魚が使用されていた。その理由には、外国産の魚の方が安価であること、また給食用の食材は形、サイズなどが細かく規定されているため、その規格に対応できず給食用食材提供業者として参入しにくいことが挙げられる。そこで、女性部員が魚（タイ・ブリ）を卸し、給食用食材の規格に応じた形やサイズにカットして、水揚げ3時間以内に納品することで、地元の新鮮な魚を給食に出すことを実現させた。

　女性部による地域生活課題に対するマネジメントの特徴は、女性部レベルでの個別課題にとどまらず、地域社会や地域産業といった地域の課題を見据えているところにある。地域資源の加工・販売活動を通して、宇和島市外に出ることで、地域の知名度の低さや養殖魚の偏見など地域や水産業を取り巻く新たな課題に気づくことができ、その解決に向けて取り組んできた。再生

前の女性部の石けん普及活動や魚食普及活動のような地元という限られた場所での活動のみでは見出すことができなかった課題であり、新たに水産加工・販売活動を開始することで、これらを通して女性部、地域社会、地域産業を客体化し、課題に真摯に向き合うことができたといえる。

４．漁協女性部による地域活性化の展開
（１）地域資源を活かした加工・販売活動の特徴
①始動期

　加工・販売活動を始めた当初は、養殖業者の顧客は仲買人のため、これまでは直接消費者と関わることは全くなかったことから、女性部員は、商品は「売る」ものであるというスタンスで、地域資源を活用して「女性部員がいいと思うもの」を作るという考えであった。つまり、「作り手がいいと思うものを作って、売る」という作り手主体の加工・販売活動であり、始動期は地域資源の「プロダクトアウト型」の取り組みであったといえる。しかし、商品を購入する消費者像がみえていないことが課題であった。

②展開期

　展開期においては、対面販売活動を展開するなかで、流通経路の末端の消費者と直接接することによって、商品は「売る」ものではなく、「買っていただく」ものであるという気持ちが女性部員に芽生え、消費者の声に耳を傾け、商品開発・改良を重ねるようになった。つまり、消費者のニーズに対応した消費者目線での「マーケットイン型」の取り組みに変化してきたといえる。一方で、この時期には、宇和島市内だけでなく、市外での販売活動も多くなるなかで、地域資源を活用した商品に独自性がみられないこと、地域の知名度が低いこと、養殖魚に対するイメージに偏見があることが課題として浮上してきた。

③発展期

　発展期では、上記の課題に対し、漁村の地域資源を活用した加工・販売活動は、既に多くの漁協女性部や漁村女性グループが行っていることから、女性部は愛媛県内の教育機関、企業、旅館、レストランなど様々な専門家とい

う人的資源と協働することで、付加価値を高めた独自性の高い商品を開発してきた。そのなかで、協働して開発したものをそのまま商品化するのではなく、地域の食文化（麦味噌文化）や食材（地産地消）、女性部のポリシー（食の安全性）にこだわり、女性部流の付加価値を高めている。そして、調理技術、衛生管理技術といった加工時の技術・ノウハウも専門家と協働するなかで身に付けており、こうしたスキルアップも地域資源を最大限に活かした付加価値の高い商品へ結びついている。また、地域や養殖への理解や知名度の向上のために、消費者との対面販売を通じて地域全体を売り込んでいく必要性を認識し、販売活動にかかわる全てに統一デザインを用いることで、一貫して地域ブランドをPRし、対面販売を通じて養殖魚のイメージアップを図ってきた。つまり、発展期には、地域社会や地域産業の課題解決も見据えながら、女性部オリジナルの価値＝強みを盛り込んだ商品をつくり、さらにそこに地域資源である風景、歴史、文化をもとにした女性部のこだわりやポリシーも含めた地域のストーリーを添えて新たな価値を創造し、消費者にその商品の価値を提案していく「価値創造・提案型」の取り組みとなっている。こうした女性部による地域アイデンティティである地域らしさの認識と価値創造は、地域ブランドにおけるブランドアイデンティティにつながるものである。

　このように、漁協女性部による地域資源を活用した加工・販売活動は、地域資源を単に活用し、作り手主体の売るというスタンスでの「プロダクトアウト型」の取り組みに始まり、最終的に消費する消費者像を想定しながら、直接消費者の声を汲み取り、ニーズに対応した「マーケットイン型」の取り組みへと変化している。さらには、地域社会や地域産業の課題のマネジメントも視野に入れ、原材料へのこだわり、味、調理加工技術、安全性といった品質のみならず、コンセプト、ネーミング、ストーリー性、デザインなどを工夫し、女性部独自の強みをもった「価値創造・提案型」の取り組みへと発展させていることを明らかになった。

（２）地域活性化への貢献
　本事例にみる女性の地域活性化への貢献について図にまとめた。

女性部員たちは、新生女性部として今後何をすべきか考えたとき、従来の石けん普及活動などの環境保全活動や、煮干し３匹運動やお魚教室といった魚食普及活動に加え、地域産業や地域の課題を何とか解決したいという想い（動機）をもって、様々なことに取り組み始めた。

　女性部員たちは、「魚をもっと食べてほしい」「養殖魚のことについてもっと知ってほしい」「規格外魚や端材など魚を有効活用したい」「地域をもっと理解してもらい知名度を上げたい」という想いから、地域資源を活用した水産加工・移動販売プロジェクトを開始した。漁協組合員たちが養殖したタイやブリなどの規格外魚や加工場から出る端材といった地域資源を有効活用し、愛媛県内の教育機関、企業、旅館、レストランなど様々な専門家との協働で付加価値の高い商品として開発・加工することで、差別化を図ることに成功している。さらには、地域の特色を表すデザインの開発を行い、このデザインを販売活動にかかわるすべてのものに採用し、移動販売車による対面販売を通じて地域資源や地域そのものの価値を伝え、養殖魚のイメージアップと地域のPR活動につなげており、地域に存在する社会問題の解決やニーズの充足という「社会的価値（Social Value）」を生み出している。その他にも、「社会的価値」を生み出す活動として、前述のとおり地元の保育園での給食食材提供、地元の小中学校での郷土料理実習、高齢者福祉活動、地域イベントの参画がある。

　また、加工・販売活動は、従来はボランティアとして無償で行ってきたが、新生女性部では時給制を導入したことで漁家収入の増加にもつながっており、経済活動としての付加価値生産という「経済的価値（Economic Value）」もみられるようになった。

　さらには、自分たちが作った加工品が売れ、その味を消費者に評価されたり、加工品が地域の特産物として広く知られるようになったりすることで喜びや達成感を感じ、また高齢者や地域の人などに喜んでもらえることで、やりがいを感じるようになった。そして、活動に対して社会的に高評価を受けることでさらに自信ややりがいを深め、活動当初は反対していた家族からの理解も得られるようにもなっている。それらは、生き方などの選択肢の拡大にもつながり、QOLの向上という「生活・人生的価値（Life Value）」も生

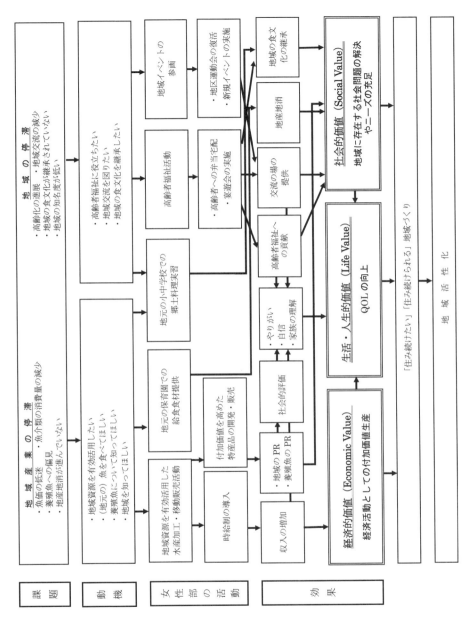

図 女性部の地域活性化への貢献
出所）インタビュー調査により筆者作成

第2章 漁協女性部による課題マネジメントと地域活性化　47

み出している。

　このように、女性部レベルでの個別課題にとどまらず、地域や地域産業の課題にも取り組んできた多岐にわたる活動は、「経済的価値」「社会的価値」「生活・人生的価値」を生み出しており、「住み続けたい」「住み続けられる」地域づくりの主体として、女性部は地域活性化に貢献していることを明らかにした。

5．おわりに：
漁協女性部による地域活性化の特徴と可能性

　本事例の女性部による地域活性化の特徴は、常に地域水産業の振興や地域社会の発展といった地域活性化の視点から地域の課題を見据え、コミットしていることである。地域資源の加工・販売活動においても、その姿勢がみられる。地域資源はそこにあるだけでは価値が創出されておらず、どのように付加価値をつけて加工・販売するかが問題である。女性部は、単に地域資源を利用することを優先させた作り手主体の「プロダクトアウト型」から、消費者の生の声とニーズに対応した「マーケットイン型」を経て、地域社会や地域産業の課題のマネジメントも視野に入れ、女性部独自の強みをもった「価値創造・提案型」の取り組みへと発展させている。こうした女性部レベルの問題だけでなく、地域全体に共有される課題へと視野を広げた活動は、「経済的価値」だけでなく、「社会的価値」「生活・人生的価値」を生み出しており、地域づくりに取り組む主体として、地域活性化に貢献している。水産業の停滞、少子高齢化の進行、過疎化による地域交流の減少など多くの漁村地域が課題を抱えているなかで、本章における女性部による地域活性化に関する解明はその問題解決に向けて一助になると考える。

　今後は、さらなる地域活性化の展開に向けて、次の2点について検討が必要であると考える。

　第一に、現在は移動販売車を活用して自ら地域外に出向き地域をPRする活動が中心となっているが、今後は地域に足を運んでもらう仕掛けづくりが求められる。地域には国の重要文化的景観が存在しているが、美しい景観が存在しているだけでは地域活性化には不十分である。地域のウリを前面に出

した交流事業が求められ、地域資源を味わったり、購入したりできる食堂や直売所の運営に加え、遊覧船や漁業体験・真珠加工体験など、漁業にかかわる第一次産業、第二次産業、第三次産業の全て連携により、地域資源の全てを活用し、これらを体験できる企画が必要であるといえる。

　第二に、既に女性部は地域性を活かした差別化により付加価値を創造し、地域のブランド化に向けて動き出しているが、今後は他の地域のステークホルダー（例えば地域住民、JA や NPO など）を巻き込み、漁協も含めてどのように地域協働していくかである。

注

（1）給食サービス（配食及び会食）、イベント参加（高齢者施設の祭りへの参加、敬老の日の記念品贈呈など）、ヘルパーの養成研修の実施、慰問や声かけなどが該当する。
（2）女性の地位向上に関する研修会の実施や参加、女性の登用のための公的場面でのアピールなどが該当する。
（3）女性部の組織・運営体制の改編の詳細は、藤田昌子・若林良和（2015）を参照されたい。
（4）総務省統計局「2015 年国勢調査」「2000 年国勢調査」
（5）総務省統計局「2015 年国勢調査」「2000 年国勢調査」
（6）女性部の退部届によると、その理由として、家業や子育て、介護などとの両立が難しいことや健康上の理由などがあげられている。
（7）愛媛県から愛媛県漁協女性部連合会へ補助金を出し、県下の起業・経済活動をめざす漁村女性グループに対して補助を行うものである。
（8）2010 年に B 級ご当地グルメで地域おこしを図ろうとする団体・グループ・個人が集まり、交流と情報交換を図り、相互支援で地域そして四国全体を元気にしようと結成された非営利団体である。
（9）2013 年度に新設され、宇和島市の地域づくりを自分たちの地域のために、自分たちで行動するという住民主体のものへと移行するともに、地域の創意と工夫を凝らし、それぞれの地域特性に応じた活力のある、誇りのもてる地域づくりを推進することを目的としている。

参考文献

澤野久美．社会的企業をめざす農村女性たち：地域の担い手としての農村女性起業．2012、筑波書房
澁谷美紀．農村女性起業の事業多角化と継続に向けた課題：北東北地域における直売所の事例分析．農業経営研究．2011、49（1）、51-56

関いずみ. 漁協女性部の役割と今後のあり方を考える：漁村女性の高齢者支援活動を事例として. 月刊漁業と漁協. 2012、50（7）、6-9

関いずみ. 起業としての地域活動を考える：漁村女性による高齢者支援活動の課題と展望. 漁業経済研究. 2015、59（2）、93-101

坪井ひろみ. 秋田県農村女性起業活動におけるソーシャルビジネスの発展可能性. 秋田大学教養基礎教育研究年報. 2013、15、65-74

副島久実. 漁村女性の起業活動が地域社会に与えるインパクトとこれからの役割－島根県鹿島町恵曇を事例として－. 日本農業経済学会論文集、2004、114-121

副島久実・村上幸二. 漁村女性起業グループ活動の持続条件に関する一考察－高知県宿毛湾地域を事例として－. 漁業経済学会ディスカッション・ペーパー. 2005、1、1-10

藤田昌子・若林良和. 漁協女性部の組織・運営体制づくりとその課題―愛媛県南予地域における事例をもとに―. 地域漁業研究、2015、56（1）、1-31

堀越栄子. "参加と協働でつくる生活経営の組織."暮らしをつくりかえる生活経営力.（一社）日本家政学会生活経営学部会編. 2010、朝倉書店、84-93

三木奈都子. くらしの面から協同組合とコミュニティを考える－漁協女性部を中心に－. にじ. 2011、636、58-66

三木奈都子. 漁村における「参加」と女性活動に関する一考察. にじ：協同組合経営研究誌. 2015、649、77-86

第3章

愛媛経済のイノベーション
― 産業集積と地域経済の持続的発展 ―

鈴 木 　 茂

１．はじめに：地元学としての愛媛産業論

　金融論・地場産業論等の広範な領域で多くの業績を残した故下平尾勲 は、地元学について、「住んでいる地域の良さを再発見し、地元のすぐれた条件や恵まれた側面を把握してそれをいかに使って自主性および創造性を確立していくのかというのが地元学の考え方である 」としたうえで、地域産業おこしを推進するための基本的視点を次のように指摘した。すなわち、「地域再生のためには、世界的規模で繰り広げられている市場原理や競争原理を取り入れるわけにはいかない。それは弱者の切り捨てになるわけだから、その立場にある地域では、それらとは異なった地域特性を活かす思想を確立することが必要である。とは言っても、市場原理、競争原理は所与の条件であって当面は避けて通れない枠組である。…市場原理や競争原理は、根本的には資本、労働力、技術、市場などの生産・流通面で巨大な力をもつ企業が合理的に支配力を強めることであるから、地域が保有する特性は本来市場原理や競争原理にはなじまない条件を含んでいることを再確認し、経済の合理性、効率性とは異なった尺度に基づいて地域の活性化を主張しなければならない。」と主張した。下平尾の説に従えば、地元学は、地域固有の資源や環境を地域協働の力で人々が住んでいる地域を活性化しようとする運動であり、経済的合理性や効率性を追求するのではなく、地域産業の持続的発展の道を追求しようとするものであると理解することができよう。

　地域産業は、地域企業や住民を主体とし、地域資源を活用したり、地域ニーズに対応しながら創業し、発展する。しかし、産業として持続的に発展するには、下平尾が指摘するように、市場原理や競争原理を回避することができ

ない。市場経済システムの中では「自由競争」が本質であり、封建制社会のように地域経済が「領地」によって分断され、全国的な競争から隔離されることを期待することはできない。地域産業は、絶えず、域外資本、さらには、海外資本の参入によって厳しい競争に遭遇し、環境変化への対応が遅れると淘汰されるリスクを抱えている。自由競争の中で、経営を維持するには、地域の中小中堅企業であっても、地域特性や自らの経営能力に応じて独自の経営戦略を構築し、域外市場、全国市場、さらには、世界市場に展開するかどうか決断を迫られることがある。愛媛県は地方圏に位置し、最新の情報入手や市場へのアクセス等決して恵まれたものではないが、地域固有の資源や環境を活用し、地域独自の経営戦略を構築して持続的に発展している地域産業が集積している。

　以下では、南予地域を対象に、愛媛県産業発展の固有性・独自性（地域アイデンティティ）を明らかにしつつ、地域固有の資源やニーズを活用しながら経営を維持している事例を取り上げ、地域産業の持続可能な発展の可能性について考察したい。南予地域の基幹産業は農林水産業であり、愛媛県内では工業化が遅れた地域である。しかし、南予地域の豊かな地域資源を活用した独自の産業が発展し、全国的なビジネス活動を展開しているケースがある。また、南予地域の地域ニーズに対応して創業しつつ、域内市場が狭隘であるがゆえに独自のビジネスモデルを構築してビジネス活動を広域化して成功しているケースもみられる。地域固有の自然資源・環境や社会的経済的諸要件を活用しつつ、全国的な市場原理や競争環境の中で個性的な企業経営が行われており、地域経済の持続的発展の可能性について貴重な教訓を提示している。

２．愛媛県における産業集積と地域特性

（１）地方圏における産業集積

　愛媛県の社会経済的地位を都道府県別にみるとおおよそ中位に位置する。愛媛県の行政面積（5,676.10㎢、全国第 26 位）、人口（2015 年国勢調査、138 万 5262 人、第 28 位）、県民所得（2014 年度、4 兆 7560 億円、第 26 位）は、47 都道府県の中でほぼ中位に位置する。

ところで、47 都道府県は、自然的地理的環境が大きく異なるだけでなく、社会的地理的位置がそれぞれ大きく異なる。首都圏・中部圏・関西圏等の大都市圏、広域地方圏の中枢都市（札幌、仙台、広島、福岡市）やその周辺に位置するかどうかで産業集積の機会は大きく異なる。首都圏（東京都及び神奈川・埼玉・千葉・茨城・栃木・群馬県）、関西圏（大阪・京都府及び兵庫・奈良県）、中部圏（愛知・静岡・三重・長野・滋賀・岐阜県）、地方中枢 4 道県（北海道及び宮城・広島・福岡県）の 22 都道府県を大都市圏とすれば、その他の 25 県は地方圏であるといえる。地方圏は大都市圏域と比べると域内市場が狭隘であり、社会資本の整備・情報収集等、産業集積において相対的に条件不利地域である。都道府県別の産業集積のレベルを比較する場合にはこうした地域特性を考慮して検討する必要がある。

　金融・保険、情報、サービス産業は都市型産業であるのに対して、製造業は相対的に地方分散立地の傾向がみられる。それにも拘わらず、2014 年の地域別工業集積をみると、首都・中部・関西圏及び中枢 4 道県に全体の 77.6％が集積し、残り 25 県から構成される地方圏は 22.4％しか占めていない。愛媛県は地方圏に位置するが、産業集積のレベルは岡山・山口・福島・新潟・大分県に続いて第 6 位にあり、相対的に高い地域である。愛媛県は周辺であり、条件不利地域であるが、別子銅山に代表される四国山脈がもたらした鉱物資源、瀬戸内海・宇和海がもたらす海運の便と漁業資源を活用し、早くからビジネス活動が行われた地域である。

（2）東中南予と地域的多様性

　愛媛県は、行政エリアが東西に長く、歴史的社会的環境や集積している産業も大きく異なる。愛媛県は行政単位として東・中・南予に 3 つの地方局をおいている 。行政上の便宜だけでなく、この 3 地域はそれぞれ固有の特徴をもっている。東予地域は、別子銅山が早くから開発され、銅山開発・銅鉱石精錬及び関連事業を行う住友系企業が集積した新居浜市、日本一の紙産業の集積地である四国中央市、タオルと造船・海運業が集積した今治市、臨海工業団地に半導体工場や四国初のビール工場が集積した西条市等、愛媛県における製造業の集積拠点である。中予地域は、井関農機㈱や三浦工業㈱等

の大手企業も集積しているが、県庁所在都市松山市を中心として産業構造のサービス化が進行している。南予地域は、宇和島・八幡浜市を中心とし、農林水産業が基幹産業であり、農水産物加工業が地域産業として集積している。

　これら3地域を比較すると、県内総生産額は東予・中予・南予の順に大きい。2014年度の県内総生産額は4兆1264億円にのぼるが、そのうち東予地域1兆7740億円（43.0％）、中予地域1兆7244億円（41.8％）、南予地域6279億円（15.2％）であり、東予地域が中予地域よりも大きい。東予地域は愛媛県工業の拠点地域であり、製造業が地域経済を支えているからである。

　また、地域別産業構造をみると、中予地域は産業構造のサービス化がもっとも進行し、第3次産業が域内市民所得全体の82.9％も占め、第2次産業（15.8％）、第1次産業（1.3％）のシェアが小さい。東予地域は愛媛県の代表的な工業都市が連担しており、産業構造のサービス化（62.5％）が進んでいるが、第2次産業（製造業）が36.2％も占め、製造業が地域の基幹産業である。南予地域の基幹産業は農林水産業であり、市民所得の6.4％を占め、県平均2.2％の約3倍を占めているが、第二次産業の集積が弱く、結果として第三次産業の比率が高い。南予地域においてサービス産業の占める比率が高いのはサービス産業が集積しているからではなく、第二次産業の集積が弱いことの反映である。

表1　圏域別産業構造

（単位：100万円、％）

	県内総生産		産　業　別　割　合					
	生産額	シェア	第一次産業	比率	第二次産業	比率	第三次産業	比率
愛媛県計	4,756,495	100.0	90,200	2.2	1,185,870	23.7	3,437,941	74.1
東予地域	1,966,257	41.3	22,415	1.3	740,833	36.2	1,185,148	62.5
中よ地域	2,031,385	42.7	25,521	1.3	332,826	15.8	1,655,393	82.9
南予地域	758,852	16.0	42,263	6.4	112,210	14.1	597,400	79.5

（出所）愛媛県『県民所得統計』2014年。

　これは、圏域別製造業の集積をみればより一層明らかである。2014年版『工業統計表』によれば、県内では東予地域に製造業が最も集積していることが明らかである。表2に示すように、東予地域には愛媛県全体の事業所の

54.1％、従業員数の 56.3％、製造品出荷額になると 79.2％、約 8 割が集中している。中予地域はサービス化が進行し、表 1 に示したように、第三次産業が生産額全体の 82.9％も占め、第二次産業は 15.8％しか占めていない。南予地域は第一次産業が相対的に大きなシェア（6.4％）を占めるが、全体の生産額が小さい（県全体の 15.2％）。また、第二次産業（14.1％）の集積が弱いから、結果として第三次産業（79.5％）の比率が相対的に大きくなっている。南予地域経済のサービス化が進行しているからではなく、第一・二次産業の成長が弱く、結果としてサービス産業の比率が高まっているのである。

表 2 愛媛県地域別製造業の集積

（単位：所、人、百万円）

	事業所数	割合(%)	従業員数	割合(%)	製造品出荷額	割合(%)	付加価値額	割合(%)
愛媛県	2,356	100.0	74,912	100.0	4,067,758	100.0	936,344	100.0
東予地域	1,274	54.1	42,208	56.3	3,220,387	79.2	649,817	69.4
中予地域	648	27.5	23,577	31.5	700,951	17.2	234,054	25.0
南予地域	434	18.4	9,127	12.2	146,419	3.6	52,472	5.6

（出所）2013 年工業統計表より。

3．地域資源と産業集積

（1）豊かな漁業資源と水産加工業

特定地域に産業が集積する直接の契機は、大きく分けると地域資源とニーズ（市場）であり、地域資源志向型集積とニーズ志向型集積に分けることができる。ニーズ志向型集積については次節で紹介する。

愛媛県における地域資源志向型産業集積の代表的なものは、別子銅山の開発に典型的に示されるように、銅鉱石の採掘・精錬による住友金属を中心とする新居浜市における住友系企業の集積である。歴史的には、愛媛県の多くの地域でみられた手漉き和紙、養蚕・綿工業、瀬戸内海性気候特有の乾燥した気候と遠浅の海面を活用した製塩業や漁業・水産物加工業、陶石を活用した砥部焼産業等がみられる。

地域の自然資源や環境は、地域固有の産業集積の大きな契機となる。瀬戸内海・宇和海がもたらす豊富な漁業資源は多様な水産加工業をもたらした。宇和

第 3 章 愛媛経済のイノベーション　　55

島・八幡浜地域に集積している練り製品加工業、伊予市に集積している削り節産業、松前町に集積している珍味加工業は、豊富な漁業資源と瀬戸内海性気候がもたらしたものである。瀬戸内海性気候は、冷凍庫等の保存施設が未発達の時代に、陸揚げされた魚を天日で乾燥して保存することを可能にした。

　また、瀬戸内海沿岸で発達した製塩業は、遠浅と乾燥した瀬戸内海性気候の賜物である。製塩業は夏季の酷暑の中での厳しい労働であったが、人間の生存に欠かすことができない塩は高付加価値製品であった。製塩業の集積は地域に豊かな富をもたらし、人材を輩出した。

　南予地域における豊かな漁業資源を活用したユニークな起業としては、常温で保温できる魚肉ソーセージを日本で初めて開発した西南開発㈱、独自のバイオ技術によって魚貝類から旨味成分を抽出し、天然調味料や機能性食品素材を開発して成長している仙味エキス㈱をあげることができる。

（2）西南開発㈱

　八幡浜市保内町に本社・工場を置く西南開発㈱は、常温で保存できる魚肉ソーセージを日本で最初に開発し、その製造販売を目的に設立された企業であり、地域資源活用型創業である。同社の主要事業は、①魚肉ソーセージ事業、②フライドパイ・冷凍食品事業、③じゃこ天・魚肉練り製品事業、④クリクラ（宅配水）事業である。

　愛媛県八幡浜市は、日本でも漁業資源の豊富な宇和海を中心とするトロール漁業（沖合底曳網漁業）の基地であり、最盛期の1951（昭和26）年には27統54隻が操業していたが、今日では1統2隻が操業するのみである。トロール漁業は、2隻で一つの網を曳く2艘曳漁業であり、明治時代から宇和海域で行われていた「打たせ網漁業」が発達したものである。

　西南開発㈱の事業展開を大きく分けると、次の6つの段階に分けることができる。第1期は、1950年代までの時期であり、西南開発工業協同組合による魚肉ソーセージの開発に取り組む時期である。戦後、国民の多くが食料難・栄養失調で苦しんでいたが、八幡浜港では加工・冷凍設備や輸送手段がないため、宇和海がもたらした豊富な漁業資源の多くは利用されないで放棄されていた。常温で保存できる魚肉ハムやソーセージの開発は大正期頃から

試みられていたが、八幡浜市の菅原傳らは、西南開発工業協同組合を設立し、天然アジ100%による魚肉ソーセージの開発に取り組んだ。試行錯誤の末、1949年に試作に成功し、事業化の目処が立ったので、1951年には西南開発㈱を設立し、商品名「スモークミート」で販売を開始した。新鮮な天然アジ100%を原料にし、美味で高品質の魚肉ソーセージは好評であった。

第2期は、1950年代であり、魚肉ソーセージの販売体制を構築し、全国販売が開始される時期である。魚肉ソーセージは好評であったが、西南開発㈱は創業間もなく、販売力が脆弱であった。そこで、翌52年、㈱明治屋と販売元契約をし、「明治屋のスモークミート」として全国販売に乗り出した。

第3期は、1960年代であり、魚肉ソーセージの多様化と競争が激化する時期である。1954年のビキニ湾における水爆実験の影響でマグロの価格が暴落すると、マグロを原料にした魚肉ソーセージが登場した。天然アジを原料にした魚肉ソーセージも近海アジの漁獲減少により冷凍タラに転換を余儀なくされた。他方、1968年6月には、㈱明治屋から「コンビニエンスフード」商品群の開発依頼を受け、「冷凍食品」「簡易包装」の開発に取り組んだ。

第4期は、1970年代であり、日本農業における畜産業の発展もあり、動物性タンパク質に消費者の志向がシフトし、魚肉ソーセージの人気が陰りはじめた。このため、畜産加工等製品の多様化を進めるとともに、日本マクドナルド㈱との受託生産を開始する時期である。1973年には、日本マクドナルド㈱向け「ミートパティ」、75年には同じく「フルーツパイ」、78年には「アップルパイ」の生産を開始した。

第5期は、80年代であり、自社ブランド製品の開発を目指す時期であり、含気製品や事業の多角化を図る時期である。87年にはバイオ研究を行うため、「培養・無菌室」を設置し、翌89年から胡蝶蘭の培養を開始した。細菌検査技術を活用した胡蝶蘭の栽培に取り組む時期である。グリーンハウス西南㈱は胡蝶蘭事業を行う子会社であり、1991年9月から出荷を開始した。

第6期は、2000年代であり、日本マクドナルド㈱との取引関係の変更に対応して、経営の自律化・独自性を追求するとともに、事業の再構築を図る段階である。すなわち、その第1はハンバーガーパティ事業の別会社化である。同社の事業の中で日本マクドナルドの受託生産が大きなシェアを占めて

いたが、2009 年に日本マクドナルド㈱・スターゼン㈱及び西南開発㈱の3
社共同出資でオレンジベイフード㈱ を設立し、翌 2010 年から日本マクド
ナルド向けミートパティの製造を同社に移管した。その結果、同社の重要な
事業分野であったミートパティ事業が分離されることになった。このため、
同社の売上高はピークの 2009 年には 86 億 5 千万円まで増大したが、減少
に転じ、2014 年には 52 億円、40％も減少した。第 2 の大きな転換は、同
社の自社ブランド商品であるレトルトパウチ及び含気食品事業を 2013 年
に、胡蝶蘭事業を 2016 年に終了したことである。これらの事業は採算性の
改善を期待できないため、撤退することにした。第 3 は、新規事業の創出
である。創業当初の魚肉ソーセージの復活や品質管理・配送管理を効率化
し、新しい時代の要請に答えようとする時期である。2008 年には、天然アジ
100％を使った「元祖魚肉ソーセージ」の復活、2009 年には、品質管理・
配送管理のために松山スルーセンターを開設した。また、2014 年にはシン
ガポールで魚肉ソーセージ事業を展開するため、PTSEKAR SEINANFOOD を
設立した。さらに、新規事業として 2015 年にはクリクラ水販売事業を開
始した。「天然アジ 100％」の創業時の魚肉ソーセージ（元祖魚肉ソーセー
ジ）を復活するとともに、小ロットの注文に応じることができる柔軟な生産
体制を構築し、受注生産の拡大を図っている。2016 年 10 月現在、資本金
7500 万円、従業員 123 名、売上高 46 億 14 百万円（2015 年 12 月期）。

（3）仙味エキス㈱

　仙味エキス㈱は、独自のバイオ技術を活用した天然調味料・機能性食品素
材メーカーである。同社は八幡浜市に隣接する大洲市に本社・工場を置き、
独自のバイオ技術を使って魚貝類から「業務用天然調味料」及び「機能性食
品素材」を製造している。同社の基本技術は「低分子量ペプチドを主成分と
する呈味物質製法」であり、日本だけでなく海外（米、アメリカ、オースト
ラリア、ニュージーランド、カナダ、メキシコ）でも特許を取得している。
　同社の発展段階を大きく分けると次の 5 つの段階に分けることができる。
第 1 期は、研究開発段階である。同社の創業者は故笹島一冶である。笹島は、
九州大学で「魚の液体化」を研究テーマに取り組んでいた。戦後の日本は食

糧難に直面し、食物を消化吸収することができない人が大勢いた。栄養失調対策として、魚貝類を液状化し、消化吸収を促そうとしたのである。しかし、この課題は、日本人の栄養状態の改善によって解決した。そこで筬島は、液状化技術で確立したバイオ技術を応用して、魚貝類から旨味成分を抽出し、天然調味料を精製する方向に転換した。

　第2期は、事業化に乗り出す時期であり、1976年に八幡浜の水産会社や練り製品製造会社の経営者と共同で有限会社四国エキス産業を設立した。筬島は技術顧問の立場で会社経営に協力した。しかし、当時は化学調味料が全盛時代であり、販売が伸びず、会社の存続が問題になった。このため、筬島の責任を明確にする形で1981年に仙味エキス株式会社に改組し、販売力を強化するために翌1982年に仙味エキス販売株式会社（資本金300万円）を設立した。開発者の筬島自身が北海道から九州まで、全国に営業活動を行った。地元八幡浜市や宇和島市は魚肉練製品の産地であり、筬島の天然調味料に関する熱心な説明、とりわけ、冷凍すり身にペプチドを添加する際の技術指導によってユーザーに次第に受け入れられ、販売が増加しはじめた。他方、販売量の増加とともに、ペプチドの効果を科学的に証明することが必要になってきた。1984年に帰郷した現社長筬島克裕が中心となって、下関水産大学と連携してペプチドの効果を分析し、学会で報告することになった。創業者筬島一冶の末弟である九州大学教授（機能性食品分析学）の協力を得ながら、下関水産大学と共同研究し、その成果を日本栄養・食糧学会・日本高血圧学会や国際高血圧学会で発表した。そして、1980年代になると、消費者の嗜好が化学調味料から天然調味料に変化しはじめたことが追い風となり、仙味エキス㈱は業績を着実に伸ばすようになる。

　第3期は、1990年代であり、同社のバイオ技術が学会だけでなく、行政及び食品業界において高く評価されるようになる時期である。1988年には、農林水産省のプロジェクト「食品産業におけるハイセパレーションシステムの開発」に参画した。農水産物の機能性食品としての側面が注目され、機能性素材の分離・濃縮技術の確立が急がれていたからであり、国レベルで同社の技術が評価されたのである。

　第4期は、2000年代であり、特定保健用飲料分野に本格的に参入する時

期であり、1999年には「エスピーマリン」について特定保健食品として厚生労働省の許可を得るとともに、2000年から発売を開始した。

第5期は、2010年代であり、同社のバイオ技術と事業展開が、社会的に高く評価される段階である。2009年度四国産業技術大賞（技術功績賞、最優秀賞）、中小企業研究センター第45回グッドカンパニー賞（優秀企業賞、2012）、平成25年度全国食品衛生優良施設表彰（厚生労働大臣表彰）、第5回ものづくり日本大賞四国経済産業局長賞（2013）等を相次いで受賞した。

同社の特徴の第1は、自社独自のバイオ技術を確立し、魚貝類から天然調味料や機能性食品素材を製造販売していることであり、高度なバイオ技術をベースに地域資源を活用した食品加工業を営んでいるところに特徴がある。同社の創業者筬島一治が、九州大学在学中から研究していた技術を事業化したものであり、二代目社長克裕も九州大学大学院における研究者としての経験をベースに事業を継続しているところに特徴がある。地方圏に拠点を置く企業としては珍しい存在である。

第2の特徴は、新鮮な魚介類の入手が容易なトロール漁業基地八幡浜港に近い大洲市に立地していることである。また、八幡浜・宇和島には魚肉練製品製造業が集積し、ユーザーに近いという立地上のメリットがある。しかし、近年、八幡浜港を基地とするトロール漁業の縮小と漁獲高が減少しているため、原料調達を海外に求めざるを得なくなっている。原料全体の約半分は海外から輸入している。

第3の特徴は、天然調味料から機能性食品素材に多角化し、順調に事業を拡大していることである。イワシから抽出した「ペプチド」に血圧降下作用があることを活用した特定保健食品「エスピーマリーン」の製造販売である。

第4の特徴は、学会への貢献である。1986年に研究成果を学会発表したのをはじめ、毎年学会報告を行い、2008年（アムステルダム）と2010年（シカゴ）には国際高血圧学会で報告した。地方圏の中小企業が独自に開発したバイオ技術の成果を学会で公表し、アカデミックな世界において貢献していることである。

2016年2月1現在、資本金9000万円、グループ全体で従業員数は167名であるが、そのうちパートは16人（9%）にすぎない。近年の日本の労

働問題の一つとして非正規労働者が増大し、労働者全体の約4割が非正規労働者であると言われているが、同社の大半が正規職員であることに留意する必要がある。また、同社は売上高を公表していないが、毎年利益として4億円を計上している。天然調味料が消費者に受け入れられ、持続的に安定した経営を構築していることがわかる

４．地域ニーズと産業集積

（１）地域固有のニーズと産業集積

　産業集積のもう1つの契機はニーズであり、当該地域の人々の生活がもたらす衣食住に関わるニーズや地域産業がもたらすニーズに対応して創業するケースである。

　地域住民がもたらすニーズの代表的なものは食に関わるニーズである。その代表的なものは農林水産業であり、食品加工業である。全国各地に地域固有の農林水産業があり、味噌、醤油、豆腐、酒・焼酎等の加工業が集積している。これらは当初家族経営であり、域内市場に規定されて経営規模が零細である。独自に技術改良を積み重ねながら経営規模を拡大し、全国企業として発展するケースもあるが、全国的な量販会社の地域市場への参入によって淘汰されたものも少なくない。

　資本主義経済の発展とともに、交通運輸手段や加工・保存技術の発展は、市場圏を狭域市場圏から広域市場圏、さらには全国市場や世界市場への展開の可能性をもたらすことになった。一方では、生産効率を上げ、大量生産大量販売システムを構築して経営規模を拡大した企業が存在するが、他方では、量産量販体制の構築に遅れ、厳しい競争の中で淘汰され、衰退していった零細経営が多い。もちろん、経営規模が小さくとも、伝統的で個性的な商品が消費者に支持され、経営を維持している場合もある。

　南予という域内市場の狭隘性のもとで、地域ニーズに対応して創業した零細企業が生産効率を高め、広域市場、全国市場へと展開している典型的事例が、和洋菓子メーカーの㈱あわしま堂である。全国市場に展開することは、全国の同業他社との競争関係において優位に立つ必要がある。最先端の技術

第3章 愛媛経済のイノベーション　　61

や独自の経営ノウハウを構築する必要がある。また、独自技術を構築しつつ、全国のニッチ市場をターゲットに持続的な経営を維持している典型例が農水産物の重量選別機メーカーの㈱横崎製作所である。

（2）㈱あわしま堂―伝統的和菓子メーカーの全国展開―

　八幡浜市保内町に本社・工場を置く㈱あわしま堂は、主婦層をターゲットにスーパーマーケットやコンビニを販売チャネルとして販路を拡大し、着実に成長している和洋菓子の製造卸売会社である。

　同社は、1927年に木綱勝三郎が八幡浜市で創業した伝統的な個人経営の和菓子店であった。伝統的な和菓子店の多くは、住居と工場とが一体となった店舗で製造小売業を営んでいたが、同社も例外ではなかった。経営形態を大きく変えることになったのは、戦後になってからである。父親から経営を継承した長男の勝が、地域市場の狭隘性を考慮し、販売高を増加させるには製造卸売業に転換し、経営形態を個人経営から企業的経営に転換する必要があると考えたことである。2人の兄弟と協力して製造卸売業に業態転換し、規模拡大の道を追求した。高度成長期になると、小売業の業態転換が始まり、新しい販売チャネルとしてスーパーマーケットが誕生した。

　同社の発達段階を大きく分けると次の6つの段階に分けることができる。第1期は、創業から1947年までの時期であり、個人経営の時期である。同社は、1927年に木綱勝三郎が創業した個人経営の和菓子店であり、製造小売業を営んでいた。

　第2期は、1948年から70年代までの時期であり、製造小売業から製造卸売業に業態転換する時期である。勝三郎から経営を引き継いだ勝（2代目社長）は、製造小売業から製造卸売業に業態転換し、個人経営から近代的企業的経営に転換した。1960年にはそれまで手作りが中心であった和菓子の製造工程の機械化・自動化に取り組み、66年には国鉄八幡浜駅（現JR八幡浜駅）近くに工場を移転した。さらに、68年には㈱あわしま堂製菓（資本金300万円、社員45名）を設立した。地域の和洋菓子市場はニッチ市場であり、スーパーマーケットを販売チャネルにして製造卸売業に転換し、販路を拡大する時期である。

第3期は、1970年代から80年代前半までの時期であり、本格的に四国域内に販売エリアを拡大する時期である。74年には保内町（現八幡浜市保内町）に新工場（現愛媛第1工場）を建設するとともに、本社を移転した。76年には、社名を㈱あわしま堂に変更し、資本金を2100万円（社員120人）に増資した。

　第4期は、1980年代後半から1990年代末までの時期であり、本格的に経営の近代化を図るとともに、中国・九州地域に販売エリアを拡大する時期である。89年にはCI（コーポレートアイデンティティ）を導入し、資本金を9628万円（社員435人）に増資した。さらに、93年には資本金を2億1393万円（社員601人）に増資するとともに、95年には現本社工場と新事務所を建設し、量産量販体制を整備した。

　第5期は、2000年から2010年代までの時期であり、販売エリアを関西から東海・北陸地域に拡大する時期である。1999年に京都伏見工場（現京都伏見第二工場）を建設するとともに、京都支店、を開設した。さらに、2007年に名古屋支店を開設し、販売体制を整えた。

　第6期は、2010年代であり、販売エリアを首都圏から東北地域に拡大する時期である。2011年には東京支店を開設し、2015年に栃木佐野工場を建設するとともに、北関東支店を開設して、営業体制を強化した。関東・東北地域を射程においた生産・販売体制の構築を図っているのである。栃木工場の建設には30～40億円を要し、初年度（2017年度）の売上高30億円を見込んでいる。

　同社の特徴の第1は、経営戦略の明確性であり、1986年にCIを導入し、「本物の美味しさを低価格で」供給することを基本コンセプトにした。さらに、販路を関東地域に拡大するに際して、2008年に新しいCIを導入し、経営理念として「美味しさつくり、笑顔つくり」を基本理念に掲げている。

　第2の特徴は、第1点と関連するが、ターゲットの明確性であり、ターゲットとする主婦層の高い支持を獲得し、販売エリアを拡大とともに販売額が着実に増えていることである。若い女性や特定の富裕層をターゲットに高級和洋菓子の製造販売に特化するケースと対象的である。

　第3の特徴は、販売チャネルとしてスーパーマーケット等の高度成長期以降に登場した新しい量販店を活用していることである。愛媛県八幡浜市と

第3章　愛媛経済のイノベーション　　63

いう域内市場圏の狭隘性をスーパーマーケット等の量販店を販売チャネルとして活用することで克服していることである。今日、販売チャネルとしてスーパーマーケット 1,200 店、全国で 2000 近い店舗網をもつセブンイレブンと提携している。コンビニとの提携はターゲットを主婦層から若い女性に拡大している。

第 4 の特徴は、製造工程の機械化・自動化によって多品種大量生産体制を構築していることである。まだまだ手仕事が多い和洋菓子業界にあって、1960 年には早くも機械化・自動化に取り組み、大量生産と安全性とを両立していることである。機械化・自動化によって、1 日 150 種類、約 110 万個の和洋菓子を製造している。

第 5 の特徴は、IT 技術と高速道路を活用した高速物流・受注体制を構築していることである。配送担当者は取引先のスーパーに前日受注した和洋菓子を納入すると同時に翌日の注文を受け、端末を通じて本社のホスト・コンピュータに送信する。午後 3 時までに受注した和洋菓子は、生産計画に従って生産し、高速道路を使って、翌日スーパーが開店するまでに配送する。和洋菓子は「生もの」であり、鮮度が勝負である。オンラインシステムによって 24 時間受注納品体制を構築している。

特徴の第 6 は、大量生産によるコスト・パフォーマンスを高め、消費者の支持を獲得していることである。「規模の経済」を発揮して、良質の原料を安価に調達し、相対的に安価で美味しい和洋菓子の製造販売を可能にしていることである。

第 7 の特徴は、域内市場の狭隘性を製造卸売業に転換することによって克服し、広域市場圏、さらに、全国市場へ販路を拡大し、持続的成長を可能にしていることである。現在同社の本社は八幡浜市保内町に立地しているが、四国だけでなく、高速道路網の整備された九州・中国地域、近畿・中部圏、さらに、関東・東北地区を射程に着実に販路を拡大している。

2018 年現在、資本金 1 億円、従業員 965 人（うちパート 328 人）、売上高 131 億 23 百万円（2016 年 3 月期）を記録している。和菓子業界最大手で、「虎屋のようかん」で知られる㈱虎屋 に次ぐ規模を誇っている。

（3）㈱横崎製作所

　㈱横崎製作所は、地域ニーズに対応した農水産物の重量選別機を中心に、カメラ式選別機、省力化機器、音声式重量判別機、各種供給装置の開発・製造・販売及びメンテナンスを行う開発型企業である。汎用的な量産品ではなく、ユーザーからの注文に対応した特注型の選別機の開発製造を得意とする開発型企業である。

　同社の発展段階を大きく分けると次の4つの段階に分けることができる。第1期は、1963年から70年代前半までの創業期である。創業者の横崎安弘は1963年に草刈り機の製造によって宇和町（現西予市）で事業を開始した。草刈り機の製造を始めるきっかけは、父親が農機具製造業を営んでおり、横崎が農機具販売の営業活動をしていた時のことである。みかん農家から草刈り労働が大変であるが、農機具メーカーが草刈り機を作ってくれないという声を聞いたことである。南予地域は「みかん王国」愛媛県の主産地であり、草刈り機の販売は順調であった。しかし、特許権を設定していなかったこともあり、大手の農機具メーカーが草刈り機の製造に参入し、たちまち市場を席捲された。横崎が草刈り機ビジネスで学んだ教訓は、大きな市場は大企業が参入してくるから、中小企業は大企業が参入しない「ニッチ市場」をターゲットとすることが重要であるということである。

　第2期は、1970年代後半から80年代であり、真珠母貝の重量選別機の製造販売を中心とする時期である。宇和島市を中心とする宇和海はリアス式海岸であり、日本一の真珠・真珠母貝養殖地域であった。真珠母貝の価格は大きさによって異なるから、養殖業者は出荷に際して1個ずつ重さを測り、選別していた。そこに着目した横崎は、真珠母貝の重量選別機を開発して販売した。

　第3期は、1990年代以降であり、真珠母貝の重量選別機で開発した技術を応用して、様々な農水産物に対応した重量選別機の開発に取り組む時期である。真珠養殖業者は全国で5000軒程度であるから、市場はすぐ飽和状態になった。そこで、横崎は、真珠母貝の選別機で培ったノウハウを活かして、事業の多角化を図ることとした。冷凍食品、サンマ・サバ・ハマチ・鰻等の魚貝類、リンゴ・桃・サクランボ等の農林産物等、広範な重量選別機を開発した。

第3章 愛媛経済のイノベーション　　65

第4期は、2000年代以降であり、製品の多様化と海外事業に取り組む時期である。農水産物の選別は、当初は大きさや重さで選別されていたが、形や着色状況も選別されるようになる。これに対応して映像をコンピュータ処理して選別するカメラ式選別機等を開発した。

　同社の特徴の第1は、地域の農林水産業が抱えるニーズに対応した製品開発によって創業し、経営の持続性を確保していることである。みかん農家の労働負荷を軽減することを目的とする草刈り機から、真珠母貝の重量選別機をはじめ多様な農水産物等の重量選別機を開発し、製造販売していることである。

　第2の特徴は、ニーズに対応した受注生産である。ユーザーから注文を受けると、選別対象となる農水産物の特徴、選別機が使われる環境等を徹底的に調査し、ニーズに適合した選別機を開発して納入する受注生産を基本にしていることである。特注型であるから「ビジネス上の事故」がなく、一貫して在庫ゼロ経営を堅持している。

　第3の特徴は、簡単な機構で高い精度の重量選別機を目指していることである。同社の重量選別機が使用される場所は、魚市場や農協の出荷施設、スーパーのバックヤード等であり、チリ・ホコリや湿気の多い場所である。繊細なセンサーやコンピュータを活用した選別機は故障しやすい。また、使用する人も高度な技術を持った人ではなく、農漁民や主婦である。故障しても簡単に修理できる構造にしていることである。

　第4の特徴は、重量選別機の開発製造で蓄積した技術をベースに、製品の多様化に取り組んでいることである。選別基準が、重量だけでなく、形や着色度合に変化しており、それに対応して重量選別機を中心に、カメラ式選別機、省力化機器、音声式重量判別機、各種供給装置を開発・製造している。

　第5の特徴は、独創性であり、農水産物の重量選別機の開発・製造で蓄積した独自のノウハウである。農林水産物の重量選別機といえども、形状は一様ではなく、大きさも形も異なる。形状に応じて選別する必要がある。独創的でユニークなアイデアによって、ユーザーの注文に応じた選別機を開発しているのである。

　第6の特徴は、日本企業の多国籍化に対応した海外市場の開拓である。日本企業は、工業部門だけでなく、農林水産物の分野においても海外からの開

発輸入が拡大しているから、日本の規格にあった選別機が海外でも必要になってくる。1996 年に開発した活鰻重量選別機は中国・イタリア・フランス・スペイン等 25 ヶ国に及んでいる。そのうち 3 分の 2 は直接、3 分の 1 は商社を介して輸出している。

　第 7 の特徴は、ハイテク素材や IT を積極的に活用していることである。とりわけ、注目を集めているのが、次世代型新素材として航空機の機体等に導入されている炭素繊維の活用であり、選別機のバケットの素材として炭素繊維を活用することに成功した。同社は従来の選別機製造過程で、目的に合致したバケットを製造するために合成樹脂複合化のノウハウを蓄積していたから、炭素繊維の導入が可能であった。先端素材である炭素繊維を中小企業が活用した数少ない事例である。

　第 8 の特徴は、むやみと規模の拡大を求めず、現在の経営規模を前提に、受注生産に特化していることである。信用取引を取り入れれば売上高はもっと拡大できるが、それだけリスクも増大する。同社の規模で代金回収のリスクを回避するには、「現金決済」を基本とし、受注時に 50%、製品の出荷（船積）時に残りの 50% の支払いを条件としている。

　2018 年 10 月現在、本社東温市、資本金 2000 万円、従業員 30 人、2016 年 1 月期の売上高 5 億 3 千万円である 。

5．おわりに：地域産業の固有性と持続的発展

　愛媛県南予地域は、県内でも製造業の発展が遅れた地域である。しかし、地域固有の地域資源を活用したり、地域ニーズに対応する形で創業し、持続的に発展している企業が存在する。南予地域を基盤に事業活動を行う上で直面する最大のハンディは、域内市場の狭隘性であり、遠隔地にあるから交通運輸条件が厳しいことである。このハンディを克服しなければ、いかに優れた技術や商品であっても、ビジネスとして市場に受け入れられ、経営を持続させることが困難である。

　仙味エキス㈱は、トロール漁業の基地である八幡浜港の隣接地に本社を置き、新鮮な魚貝類を確保しつつ、独自のバイオ技術を活用した天然調味料や

特定保健食品を開発して持続的に発展している。同社のバイオ技術は学会の発展にも貢献できるハイレベルのものであり、魚肉練り製品業界への丁寧な営業活動とともに、販路を開拓し、成長している。海外でも特許権を取得し、海外市場にも乗り出している。

西南開発㈱は、新鮮な天然アジを素材に活用して、常温で保存できる魚肉ソーセージを開発して消費者の高い評価を得た。しかし、販売力が不足するため、全国的な販売力をもつ明治屋と提携し、ＯＥＭ生産に特化することで経営の持続的発展を追求した。高度成長とともに畜産物に消費者のニーズがシフトすると、畜肉加工に事業を拡大するとともに、マクドナルドと提携することで販売力を補完する戦略をとっている。しかし、ＯＥＭ生産だけでは経営の自律的発展が困難であり、食品加工を通じて獲得した独自の技術を活用して自社製品の開発に取り組んでいる。

㈱あわしま堂は、主婦層をターゲットに安価で美味しい和洋菓子の量産量販体制を確立して成長している和洋菓子メーカーである。八幡浜地域の限定された域内市場の狭隘性を、高度成長期に登場してくるスーパーマーケット、さらにはコンビニを販売チャネルとして活用し、高速道路、ＩＴ技術、ＭＥ技術で補完しながら、域内市場の狭隘性を補完し、中四国・九州・近畿・中部圏から首都圏・東北エリアまで販路を拡大している。

㈱横崎製作所は、従業員数 30 名程度の零細企業であるが、ニーズに対応した個性的な農水産物の重量選別機を受注生産している中小企業である。最初に開発した草刈り機市場に大企業が参入して市場を席捲された経験から、大企業が参入しないニッチ市場をターゲットに、ユーザーの個々の要望に対応した受注生産に徹して、経営を維持している。同社固有の技術は高く評価され、全国各地から注文を獲得し、さらに、海外まで輸出されている。

これらの事例は、地域固有の資源の活用や、地域固有のニーズに対応して創業した企業が、域内市場の狭隘性・遠隔地といった地域固有のハンディを克服しつつ、経営を持続させていることを示している。ここに地域産業の固有性（アイデンティティ）、すなわち、地域産業の持続的発展の可能性を確認することができる。

第4章

無茶々園における農業人材の確保と育成
―新たな就農モデル確立へのあゆみ―

笠松浩樹

1．はじめに：農業と地域アイデンティティ

（1）農業に対するイメージの変化

　農業に携わりたい人は一定数存在している。その主な動機として、企業や社会という巨大なシステムに組み込まれたサラリーマン生活に対する疑問、自然にふれあえる暮らしへのあこがれ、健康志向、自分で食べるものは自分でつくりたいという自給自足への夢などが考えられる。時代の節目においてこれらが意識された機会は何度もあり、例えば、1960年代から始まった高度経済成長期、1973年と1979年の2度にわたるオイルショック、1991年のバブル崩壊、1995年の阪神淡路大震災、2011年の東日本大震災などがその代表的なものとして考えられる。

　ひと昔前は、「きつい・きたない・かっこわるい」という3Kが農業のイメージとして代表的なものであった。現在は、農業に対する興味が広まっていることから、大きなマイナスイメージを持つことは薄れていよう。さらに、自然の中で体を動かす仕事が肯定的にとらえられつつもある。

　農業の担い手が不足している現在、農業を志す人々は頼もしい存在である。また、農業を仕事としてとらえるだけではなく、農地や生活の拠点がある地域に対しては地域活動の担い手としても活躍している。特に、地域コミュニティや住民との関係性の中で農業や暮らしのノウハウを身につけ、祭りや地域行事にも積極的に参加し、地域に根ざした生き方を指向する人も存在している。そこには、儲ける農業だけではない側面も見いだすことができる。つまり、農業に携わること、または農村で生きることには、経済成長に与するだけではない価値も含まれている。

（2） 良いイメージはあるが就農は敬遠

　では、現実はどうだろうか。2016年1月に愛媛大学農学部の1回生全員を対象に行ったアンケート（有効回答186件）によると、「農業は楽しいと思いますか？」の問いに対して、「とても楽しい」が14.7％（29件）、「まあまあ楽しい」が68.5％（135件）であり、これらを合わせた肯定的な見解は83.2％（164件）とかなり高かった（図1）。このような結果になったことは、上述の農業に対するイメージの変化に加え、回答者が農学部の学生であるという状況が大いに影響している。

　ところが、「将来は農業関係の仕事に携わりたいですか？」の問いに対しては、「携わりたい」が29.9％（59件）であった（図2）。就きたい仕事の内訳は、農家7件、植物工場4件、農業の教員3件、JA職員3件、土壌関係3件、農家・農業の支援3件などである。農業は幅広い解釈が可能とはいえ、実際に作物を育てたい、すなわち第一次産業としての農業に就きたいという

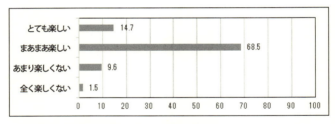

**図1　「農業は楽しいと思いますか？」に対する回答
（愛媛大学農学部1回生；2016・％）**

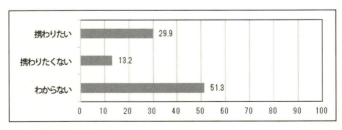

図2　「将来は農業関係の仕事に携わりたいですか？」に対する回答（同上）

意向を持つ者は、農家と植物工場を合わせてわずかに11件（5.9%）であった。

　これらのことから、農業に対して肯定的な感覚を持っているのは8割を超え、かなり高いととらえることができる。ただし、これは就業意向に直接的な連関を持っておらず、農業に携わりたい意向を持つ者は3割程度にとどまっており、しかも実際に農作業を行いたいという回答は186件のうちわずかに11件である（うち4件は植物工場）。農学部の学生といえども、農業生産活動に従事したいという意向はきわめて低い。

　なお、同調査では農業に携わりたくない、または従事意向が現時点ではわからない理由が自由意見の欄に書かれていた回答もあった。調査票の設計上、定量的な把握はしにくいが、農業生産活動への従事を踏みとどまる理由として収入の不安定さが多く挙がっていた。

（3）農業と地域の担い手を確保する　－本章の目的－

　農業に対するイメージは向上し、その役割は生業の1つであることにとどまらず、地域を支える意義も有する。しかし、実際に就農するとなると収入の面をはじめ懸念が残る。これに加えて、初期投資に要する資金も大きな課題である。また、初めて農業に携わろうとする人にとっては、技術や知識も不足していることが考えられ、これらを身につけることも必要である。このような課題を解消するため、就農希望者に対する公的支援も打ち出されており、主として個人が農家となって経営を行うことを主眼とした制度が創設されている。さらには、法人や組織が農業を行う事例も増えてきている。特に、2016年の農地法改正により、農業生産法人以外の法人による農地の借り入れが可能となったことを受け、一般法人の参入が増加した。

　本章では、就農を可能とし、農業の担い手が地域の担い手としても活躍していく道筋を考えていく。まず、愛媛県の農地と農家の動向を紹介し、就農者のための支援策を外観する。次に、柑橘の生産・販売を行っている愛媛県西予市に所在する無茶々園を事例とし、新規就農者の確保にまつわる失敗例と成功例、外国人研修生を受け入れている実態を見ていく。これらを踏まえ、愛媛県で就農を志すことの困難性や活路について考えてみたい。

２．愛媛県における農地・農業の動向と支援策

（１）農地の動向

①半減した農地

　「耕地及び作付面積統計」より、図３に 1965 ～ 2016 年の愛媛県におけ
る農地面積の種類別の推移を表した。これによると、全農地面積は 1967 年
の 90,280ha をピークとし、1970 年代前半まで農地の種類別には若干の増
減があった。田の面積は、1965 年に 42,700ha で最多であったが、1970
年に始まった生産調整の影響もあり、1974 年には 34,900ha まで減少した。
普通畑もこの時期にはやや大きな減少傾向を示し、1965 年の 19,200ha が
1974 年には 8,590ha となっている。これらとは反対に樹園地は増加してお
り、1965 年の 27,300ha が 1974 年には最多の 40,300ha となった。

　1970 年代後半以降は、田、普通畑、樹園地の全てが軒並み減少している。
2016 年では全農地面積が 49,866ha となり、ピーク時の 55.2％まで減少し
た。

②愛媛県の樹園地比率はきわめて高い

　愛媛県は全国有数の柑橘産地である。現在の宇和島市吉田町において江戸
末期にみかん栽培が始まったとされており、明治から昭和にかけて徐々に広
がっていった。特に、戦後の食料増産期が終わりを迎えた高度経済成長期以
降、都市部を中心に高く売れる作物の栽培が奨励されたこと、イワシ漁が不
振となったこともあり、それまで芋や麦を生産していた沿岸部での栽培が拡
大した。

　ここで、樹園地の動向に注目してみる。図３をもとに、愛媛県と全国の
農地の種類別の割合と面積を表１に示した。愛媛県の 1965 年の割合は、
田 47.8％、普通畑 21.5％、樹園地 30.6％、牧草地 0.1％であった。ここか
ら樹園地は 1987 年に最大の 50.7％となり、農地全体の半数を占めるよう
になる。以後は面積比率を落とすが、それでも 2016 年の種類別割合は田
46.1％、普通畑 12.4％、樹園地 41.1％、牧草地 0.4％であり、全体の約 4
割にのぼる。そして、果樹の栽培面積の 8 割近くを柑橘類が占めている (1)。
全国的には、2016 年の割合が田 54.4％、普通畑 25.7％、樹園地 6.4％、牧

72

草地13.5％であるため、いかに愛媛県の樹園地比率が大きいかがわかる。

なお、1965年と2016年の比較から、愛媛県と全国の両方で普通畑の面積が1割前後減少するという同様の傾向を示している。しかし、全国では牧草地が1割程度増加しているものの愛媛県では増加が見られず、樹園地が1割増加している。従って、愛媛県においては普通畑の減少が樹園地拡大に寄与したと考えることができる。

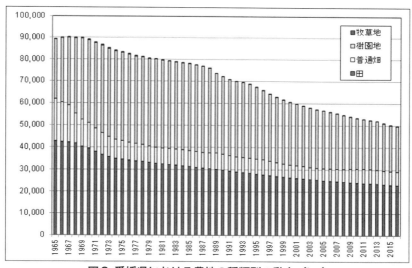

図3 愛媛県における農地の種類別の動向（ha）

表1 愛媛県および全国における農地に占める種類別割合（1965年・2016年）

区分	年次	割合・面積	田	普通畑	樹園地	牧草地
愛媛県	1965	割合（％）	47.8	21.5	30.6	0.1
		面積（ha）	42,700	19,200	27,300	129
	2016	割合（％）	46.1	12.4	41.1	0.4
		面積（ha）	23,000	6,170	20,500	196
全国	1965	割合（％）	56.5	32.4	8.8	2.3
		面積（ha）	3,391,000	1,948,000	525,800	139,800
	2016	割合（％）	54.4	25.7	6.4	13.5
		面積（ha）	2,432,000	1,149,000	287,100	603,400

第4章 無茶々園における農業人材の確保と育成

（2）農業の担い手の動向
①減少する販売農家、変動が小さい自給農家

「世界農林業センサス」より、図4に愛媛県における農家数の推移を表した。農家は販売農家と自給農家に分類でき、経営耕地面積30a以上または農産物販売額50万円以上の商品生産を主な目的とする農家を販売農家、経営耕地面積30a未満または農産物販売額50万円未満の飯米自給などを主目的とする農家を自給的農家という。図4では、販売農家と自給農家ごとの戸数を示している。

これによると、農家総数は1990年の77,277戸から2010年の50,234戸に減少しており、20年間で35％の減少が見られる。減少率は決して小さくない。販売農家と自給農家に分けて見ると、販売農家は、1990年から2010年にかけて45.2％減少している。しかし、自給農家は17,000～20,000戸の間で増減はあるものの大きな変動はない。

以上より、愛媛県では農家は全体的に減少しており、その原因は食を支える販売農家、言い換えれば産業を担う立場にある農家の減少に起因している。他方、自給農家はほとんど変動していないことから、家庭菜園や飯米生産を行っている農家は健在であることがわかる。

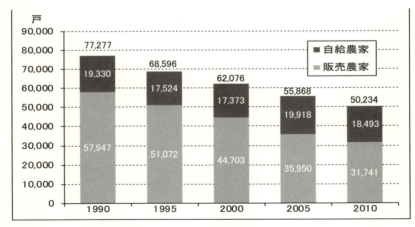

図4 愛媛県における自給農家と販売農家の推移

なお、年齢の上昇とともに販売を辞めた販売農家が自給農家になっている事例が考えられる。また、定年退職後のライフスタイルの1つとして自給農家を選択している人達も存在する。これらの可能性も意識しつつ、農家のあり方が多様化していることに留意しておく必要がある。

②農業従事者の年齢上昇

　農家の高齢化は、生産物の販売や管理する農地を縮小させ、農業を辞める原因として挙げられる。図4で見たように、販売農家の減少の最たる理由としても考えられる。そこで、愛媛県における農業就業者の年齢推移を「世界農林業センサス」を元に図5に示した。

　1990年から2010年にかけて、農業就業者の平均年齢は直線的に上昇していることがわかる。1995年には60歳であったが、15年後の2010年にはほぼ67歳となり、5年で約2歳ずつ年齢が上がっていることを示している。2005年より後には、農業従事者の平均年齢が年金を受給する65歳を超えており、農業従事者の高齢化は今後も続いていくことが予測できる。

　図4の結果と合わせて考えると、販売農家の縮小と高齢化が合わせて進んでいることがうかがえる。他方、若い就農者はどのように動いているのか、

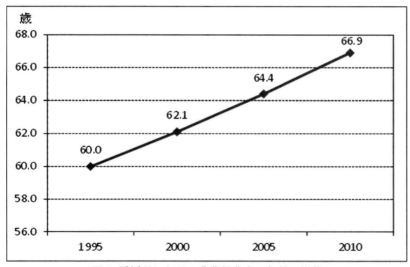

図5　愛媛県における農業就業者の年齢の推移

また、それを支える対応にはどのようなものがあるのかについても見ておく
必要がある。

（3）就農に関する支援制度

　減少と高齢化する農業の担い手について、確保・育成に関する支援策が存
在する。大まかに整理すると、国（農林水産省）、都道府県、市町村がそれ
ぞれの対応を打ち出しており、性格も異なる。

①農林水産省「青年就農給付金」

　農林水産省からは「青年就農給付金」が支給されている。「準備型」では、
都道府県が認める研修機関等で就農に向けて研修を受ける希望者に対して、
1人あたり年間150万円が最長2年間給付される。また、「経営開始型」で
は、新規就農者の経営が安定するまで年間150万円を最長5年間給付され
る。ただし、新規就農者が「人・農地プラン」に位置づけられていることが
条件となる。

　「人・農地プラン」とは、集落や地域で経営の中心となる人物は誰かを決め、
経営体へどうやって農地を集めるか、他の農業者とどう連携するかを話し合
うものである。これをプラン化すると、「青年就農給付金」の「経営開始型」
の他、農地集積協力金、「スーパーL資金」の5年間無利子化を受けること
ができる。

②愛媛県における支援

　愛媛県では、「公益財団法人えひめ農林漁業振興機構」によって農業の担
い手の確保・育成を行っている。この機構は、農地保有合理化の実施、農業
生産の高度化と農業経営の近代化の促進とともに、農林漁業後継者の確保お
よび育成、農業経営に関する指導を行うことを目的としている。新規の就農
希望者に対しては、機構が相談窓口となり、技術や知識の習得、就農の準備
を実施している。

　技術や知識の習得については、研修制度を設けている。愛媛県立農業大学
校における「えひめ農業入門塾」と「農業担い手支援塾」の受講、県内の先
進農林漁家での「農林漁業体験ステイ事業」、「営農インターン推進事業」の
斡旋が制度の内容である。他にも、留学研修の支援も行っている。

就農準備については、「就農研修資金」を設け、上記研修にかかる資金を支援している。農業大学校での研修は5万円／月以内、農林漁家は15万円／月以内、県地方局カリキュラムは40歳以下を対象に200万円以内の貸し付けがある。また、「就農準備資金」として、就農先の調査や住居移転等に200万円以内の貸し付けがある。さらに、「就農施設等資金」は、施設整備のための貸付金であり、15歳以上40歳未満に対して2,800万円、40歳以上65歳未満に対して1,800万円が上限となっている。

　このように、愛媛県が実施している支援制度は、研修の開催とその受講料の支援、農業を始めるにあたって必要となる資金の貸し付けである。国が実施する直接的な資金の給付と棲み分け、効率的な就農が実現する対応が取られている。

③市町の支援

　愛媛県内20市町のいくつかは、新規就農支援制度を創設している。それぞれの市町の実情を反映させた制度となっている一方で、過疎・高齢化が進行している地域に共通する内容も見られる。例えば、就農前の研修に重点を置き、施設等での技術や経営を学ぶとともに、その期間に必要となる資金を交付している。また、市町の出身者や在住者に比べて、Iターンによる新たな住民に対する支援が手厚くなっている。これは、外部からの人口が増加することも期待し、地域の担い手となっていただきたいという意向の表れでもある。以下に代表的な事例を概説していこう。

1）上島町

　「上島町農林漁業インターン事業」を設けている。上島町に転入して10年以上居住する意志があり、農林漁業を営もうとしているおおむね50歳以下の人を対象に、月額10万円の研修費を2年以内で支給する。研修では、農業経営のノウハウや技術を習得することとなっている。

2）久万高原町

　「久万農業公園アグリピア」を中心とした技術修得や就農支援を行っている。「久万高原農業公園研修センター研修制度」を設け、新規就農を志す人に研修機会の提供と資金助成をしている。

　「研修補助金」は、2ヶ年の研修に対して月額で町内出身者12万円、Iター

ン者15万円を支給している。研修では、トマト、イチゴ、花卉等の栽培技術を学ぶ。

　また、就農の準備段階では、「農業機械・施設整備補助金」を活用し、機械購入や施設整備リースに対して、300万円もしくは事業費の60％のいずれか低い額が支給される。

　新規就農初年度の生活費についても無利子の貸与があり、家族連れが優遇されている。月額で本人15万円以内、配偶者5万円以内、第1子3万円以内、第2子2万円以内である。さらに、Iターンの独身者には、後継者独身寮を斡旋している。

３）内子町

　「新規就農研修支援制度」によって、月額3万円で借りられる宿泊棟が併設された技術修得研修施設の利用斡旋と、町内で就農する場合の助成を行っている。研修施設退去後に5年以上にわたって内子町内で就農する人には、研修施設入居期間中の家賃相当額が奨励金として交付される。なお、この制度の応募要件は、町外出身で60歳未満であり、研修後に町内で農業に従事することとなっている。

４）鬼北町

　「新規就農促進事業」には、月額の「研修補助金」と「農業機械・施設設備補助金」がある。年齢によって3つのコースに分かれており、交付される金額は年齢が高くなるほどに低くなっている。内容的には、久万高原町の制度を年齢で細かく分けているものとなっている。

　40歳未満が対象である「青年コース」は2年間の支援であり、「研修補助金」の額は、鬼北町出身者もしくは在住者に12万円、転入者に15万円である。「農業機械・施設設備補助金」は、事業費の60％以内または300万円のいずれか低い額となっている。

　40歳以上50歳未満が対象である「中年コース」は1年間の支援であり、「研修補助金」の要件と額は「青年コース」と変わらないが、「農業機械・施設設備補助金」の額が事業費の50％以内または100万円のいずれか低い額となっている。

　50歳以上55歳未満が対象である「熟年コース」も支援期間が1年であり、

「研修補助金」は5万円、「農業機械・施設設備補助金」は事業費の50％以内または50万円のいずれか低い額となっている。

5）松野町

　水耕栽培や花苗生産の新規就農者を育成するため、株式会社松野農林公社の研修生を受け入れている。おおむね18歳以上45歳未満で、研修終了後に町内に定住して認定農業者を目指す人が対象である。2ヶ年の研修期間のうちに月額12万円の研修補助金が交付される。また、就農に関しては農地等の斡旋もある。

3．無茶々園の発展と現代的意義

（1）無茶々園の概要

　就農希望者に対する支援は、国、県、市町で行われているが、農家の減少と高齢化は依然として進行している。農業に対するイメージは好転しても、就農にはやはり大きな障壁があると言わざるを得ない。

　40年以上にわたって農業の実践を行ってきた組織である無茶々園は、積極的にIターン者を中心とする就農希望者を受け入れている。農業独特の壁に直面しながらも、現在は1つの就農モデルを模索しているところである。その過程を振り返り、就農についてのヒントを得ることとしたい。

　無茶々園は、愛媛県西予市明浜町狩江地区に所在する。この地区は、古くからカタクチイワシ漁が主産業であり、図6のように海に面した急峻な斜面では自給用の芋や麦が栽培されていた。しかし、1950年代にカタクチイワシ漁が不振となり、また、高度経済成長期の始まりとともに換金作物が注目されてきたこともあり、1960年頃から柑橘栽培が導入された。

　無茶々園は1974年に有機農業による柑橘栽培を行う組織として設立され、柑橘の栽培・販売を中心に活動してきた。無茶々園が誕生した1970年代中盤は、図3で見たように普通畑から樹園地への転換が急速に進み、慣行農業による柑橘栽培が盛んに広まった時期である。この頃、農薬漬けの農業に疑問を持った農家の後継者グループが集まり、有機農業を模索し始め、研究農園で実験を始めたことが無茶々園誕生の契機となった。

第4章 無茶々園における農業人材の確保と育成　　79

図6 愛媛県明浜町狩江地区

　「無茶々園とは、環境破壊を伴わず、健康で安全な食べ物の生産を通じて、真のエコロジカルライフを求め、まちづくりを目指す運動体です」と、品物を発送する段ボール箱に書かれている。この言葉が示すように、現在は柑橘だけにとどまらず、海と山（農地）のつながり、福祉、地域づくりと幅広く活動を展開させている。また、「運動体」と表現されていることからも、利潤を追求するだけの企業ではなく、地域とともに生きることを模索する組織であることもうかがえる。

（2）無茶々園の段階的発展
　無茶々園は多数の関連する組織、施設、活動が関連しあって発展してきた。創立から現在に至るまで、運動の進展に伴っていくつかのターニングポイントも存在している。無茶々園の発展と転換に基づいて整理をすると、図7のようになり、草創期、柑橘経営拡大期、発展期、成熟期の4つ段階に分けることができる。ここでは、それぞれの時期の特徴を述べ、無茶々園がどのような組織であるのかを把握するための一助とする。
①草創期（1974〜1980年）
　草創期では、段ボールに書かれている理念の原型ができ、それが有機・無

農薬による柑橘栽培として具現化してきた時期である。当初は、広福寺から借り受けた伊予柑園15 aを活用した研究園であった。加えて、1977年からは町内複合経営を目指してヤギの飼育にも取り組んだ。

　理念が明確に認識され、地域全体を考える基礎となり、運動体としてのあり方に大きな影響をもたらしたのは、1980年のLPG基地誘致の反対運動への参画と、同時期に確立された「ノートピア構想」である。この構想について創設者の片山元治氏は、「四季折々の山海の自然と親しみ、利用し、共存する。そして、年寄りには生きがいを与え、誰もが健康で長生きのできる里、それが百姓の理想郷」と述べている。そこでの仕事は、「海と山と段畑を有機的にリサイクルさせる『町内複合経営』が理想であり、できるだけ石油に

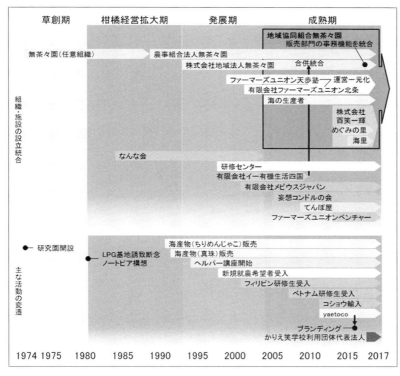

図7　無茶々園の段階的発展

は頼らない」ことを目指している。

②柑橘経営拡大期（1980 ～ 1993 年）

　草創期を経て柑橘経営が軌道に乗り始めた。1979 年から 1984 年にかけての 5 年間で生産者会員が 4 名から 32 名になり、1984 年から 1988 年に至る 4 年間ではその倍の 64 名に増加している。販路拡大や技術向上を自主的に行う他、消費者との連携も強化していった。この間は経営的に拡大期であったと位置づけることができる。

　草創期から拡大期にかけては、若い農家がむしゃらに走ってきたことがうかがえ、その成果として経営が拡大していったと見ることができる。無茶々園の初期からのメンバーである宇都宮氏康氏は、創業メンバーの「オーラ、熱はすごかった」と回顧しており、当時の勢いをうかがうことができる。

　この時期の特徴として、農家の集団から組織としての形をつくっていったことに注目したい。全国的に取り引きが増大したことを受け、生産者の家や倉庫での対応が難しくなってきたため、施設の取得や配送のしくみづくりに要する資金調達、福利厚生の充実を図る必要が出てきた。そのため、1989 年に「農事組合法人無茶々園」を設立して法人組織となった。

③発展期（1993 ～ 2004 年）

　1990 年代からは柑橘だけではなく海産物の取り扱いも始める。農業と漁業の連携には、地域の環境、暮らし、仕事を守るという理念がある。山と海のつながりを意識し、地元の漁業者が生産するちりめんじゃこを 1991 年から、真珠を 1992 年から販売することとなった。しかし、農事組合法人で農作物以外の商品を販売することが難しく、また、加工品の企画・製造や販売にも力を入れていく必要が出てきたため、1993 年に「株式会社地域法人無茶々園」を設立した。

　発展期には、「株式会社地域法人無茶々園」の設立を皮切りに、無茶々園の活動を起点として誕生した組織も生まれ、多くの分野での活動が展開された。代表的なものとして、ヘルパー 3 級講座の開始（1995 年）、新規就農者の受け入れ施設「研修センター」設立（1997 年）、新規就農者と大規模農業の実践組織「ファーマーズユニオン天歩塾」設立（1999 年）、宇和町での選果場と事務所の設立（2000 年）、外国人研修生の受け入れ開始（2002

年）、「有限会社ファーマーズユニオン北条」設立（2002年）などが挙げられる。これらにより、狩江内外との連携、漁師とのつながり、福祉、新規就農者の確保・育成、海外との連携などを新たに展開させていった。

④成熟期（2004年〜）

2000年代半ばから現在（2017年）にかけて、草創期に練られた「ノートピア構想」が月日をかけて形になっていった。自然環境の利用と共存、多様な世代の自己実現、福祉の実践などの構想は、40年以上をかけて行動してきたことが結実しており、まさに「ノートピア構想」が成熟していった期間と見ることができよう。成熟期の幕開けを象徴する出来事として、2004年に「地域共同組合無茶々園」がある。これにより、発展期に分野的にも組織的にも広がった運動が1つにまとまっていくこととなった。

この時期は特に、福祉事業が一挙に展開したことが特徴である。1990年代に始めたヘルパー講座を経て、できるところから着手しようという方向性のもと、住民が住民を支援する住民相互支援型とも言うべき活動の準備を進めていた。ここへ福祉部門の責任者である清家真知子氏が参画したことによって事業所型の福祉へと大きく方向転換を行った。2013年に福祉事業の母体となる「株式会社百笑一輝」を設立した後、俵津地区に老人ホーム併設型デイサービスセンター「めぐみの里」（2014年）、「海里」（2015年）を開設した。

無茶々園40周年記念式典（2017年4月8日）の資料によると、現在は図8のような組織を形成しており、地域や地域外の組織・活動とも連携している。

（3）現代社会における無茶々園の意義

40年以上の歩みを持つ無茶々園は現在も発展し続けている。その間に社会的状況にも変化が見られる。本章の冒頭では、農業に対するイメージが変わってきたことに触れたが、無茶々園はその変化に左右されることのない理念を踏襲してきた。そのことが現代社会においてどのような意味を持つのかについて考えてみたい。

①「百姓の理想郷」を一貫して追い求める

「ノートピア構想」で明文化された「百姓の理想郷」以降、表現は変わりつつも運動の本質は一貫している。近年はより具体的な理念を掲げ、内橋克

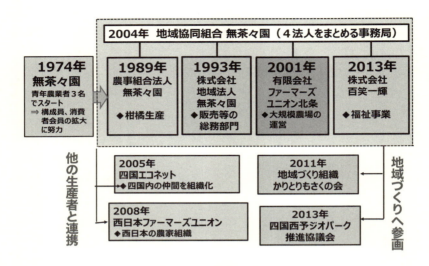

図8 無茶々園の組織（2017年）

人氏の提言である「F（食料；Food）、E（エネルギー；Energy）、C（福祉；Care）」に「W（雇用；Work）」を加え、これらの自給による自立した町づくりを目指している。これを理念とした「無茶々の里のムラづくり計画」では、地域協同組合の活動を「21世紀型運命共同体作り」とし、具体的な受け皿を模索しているところである。

②近代的産地形成路線を捨てて風土とともに生きる

　地形的に、「狩江で普通に農業をしても儲からん」（株式会社地域法人無茶々園代表取締役大津清次氏）という生産条件の不利性がある。すなわち、農家に体力的な負担がかかるうえに生産効率が悪い段畑地帯は、生産工程を近代化することが難しく、経済的メリットを上げにくい。他の産地との競争に対して優位性がある訳ではない。

　従って、無茶々園が生まれた狩江地区では、農業の近代化や柑橘栽培に特化した産地形成路線を捨て、段畑を活かした風土とともに生活する道を選択せざるを得ない。「町内複合経営」路線は、その1つの到達点であったと理解することができる。そして、これが結果的に「真のエコロジカルライフ」につながっていく。

③農耕社会と産業社会のバランスに挑戦する

　柑橘経営拡大期において、消費者との取り引きが全国規模で増大し、農家集団として処理できる限界を超えつつあった。そのため、金融、物流、雇用といった諸制度や仕組みに対応する必要に迫られ、農事組合法人を設立した。さらに、株式会社設立によって企画・販売部門を特化させ、地域の総合商社ともいうべき姿へ転身した。

　農耕社会は、集団や個人が多面的な役割や仕事を担う性質を持つ。対して、特定の分野・部門が特化していく過程は、産業社会でいうところの専門分化である。農事組合法人や株式会社の設立による組織や体制の転換は、農耕社会から産業社会へ適応していく過程と位置づけることができる。これは任意組織が会社になったという組織形態の転換だけではなく、農村と農業のあり方としてはきわめて大きな転換である。

　ところが、上述の理由によって生産過程が近代化できないことから、産業社会へ完全に移行したとは言い難い。むしろ、生産過程に重点を置くならば、農耕社会の性質を残しつつ生き残りを模索せざるを得ないのである。言い換えれば、現在と将来の「百姓の理想郷」は、農耕社会と産業社会の絶妙なバランスの上に成り立つものである。無茶々園の今後を模索する時、この命題を常に意識していくことになるであろう。

４．無茶々園にみる担い手の確保

（１）就農希望者受け入れの歩み

　無茶々園の活動を支えてきた人材は、創業メンバーや地元の農家は勿論、現在では生産者や職員を合わせて 270 名以上になる。この中には、外部から来訪した就農希望者も数多くあり、無茶々園がその受け入れ・定着に果たした貢献も大きい。

　しかし、ＵＩターン者がどれだけいるのかは把握されていない。その理由として、これまでの就農希望者の「関わり方が多様すぎて人数はつかめない」（大津清次氏）という言葉に象徴されるように、来る者拒まず去る者追わずという姿勢のもとで人材を受け入れてきた経緯がある。

人数がわからなくても、多数の就農希望者が来訪し、これに対応してきた。ここでは、無茶々園が就農希望者の受け入れをどのように行ってきたのかを述べておく。

①第1次ブーム（1990年頃）

就農希望者が訪れだしたのは1990年頃からである。当時は、「ふらっと来るヒッピーのような人ら」（大津氏）が農家を手伝うような関わり方であった。この頃の無茶々園には、就農希望者の受け入れのための制度や施設はなく、事務所があるだけであった。

このような中で、最初に残ったN氏は農家として独立した経営を志したが、約2年後に経営が厳しいという理由で去っていった。他方、その後に来た人材の中には、農家として独立するのではなく無茶々園の社員として残った人物もいる。

②第2次ブーム（1997年～）

本格的な人材の受け入れは、1997年に滞在施設である「研修センター」（図9）ができてから始まった。とはいえ、研修は「丁稚奉公のように農家のところで一緒に作業をするという方法」（大津氏）であり、1年研修した後は独立することになる。独立後、経営を個々に任せた結果、栽培技術や経営方法の未熟さから思うように収益が上がらず、貯金が目減りしていくだけであり、狩江地区を去る者が相次いだ。当時のIターン者のうち、地域に定着したのは無茶々園の職員となった数名である。

独立した農家として現在も経営しているのはM氏のみである。M氏は研修終了後に地元農家T氏に弟子入りし、仕事を教えてもらう傍ら、自身の所有面積も確保していった。現在は、T氏3.1ha、M氏2.2haを所有し、作業を一緒に行っている。弟子入りしたが、経営はそれぞれの管理農地ごとに独立している。また、T氏はベトナムからの研修生、M氏はフィリピンからの研修生を受け入れ、計4人で作業をしている。

③愛南町での大規模農業の展開（1999年～）

1991年の台風による塩害は、明浜町での町内循環から地域を越えたつながりを考える契機となった。同時に、柑橘のみに大きな比重を置いた経営はこのリスクの解消にはつながらないため、柑橘以外の商材も手がける必要が

図9 研修センター

ある。無茶々園にとって、町外の農地で柑橘以外の分野に取り組むことは、経営の安定と多様性を獲得することにつながる。

　このような問題意識を持ち、地区外に進出することとなった。1999年に大規模有機農業の実践と人材育成を行う「ファーマーズユニオン天歩塾」を設立するとともに、愛南町で園地を取得して甘夏や河内晩柑の栽培を始める。生産効率の悪い狩江地区の地形に比べ、愛南町は平らで効率の良い栽培管理が可能である。しかも、1反あたり40〜50万円で土地が購入できることも魅力である。甘夏は反収が3tでkgあたり130円の販売単価があり、河内晩柑のそれは8tで170円であることから、土地取得費用は1年で回収できる試算が成り立つ。これらの利点を有する愛南町での活動は、大規模有機農業が成功したモデルである。

　愛南町の直営農場では農業で自立できるため、愛南町の直営農場の周辺に地元の就農希望者を配置して育成する方法が確立されてきた。このようにして定着していった担い手は、100名を数える生産者組織「四国エコネット」の大部分を占めている。

④県都周辺での食料循環モデルの指向（2002年〜）

　「有限会社ファーマーズユニオン北条」は、松山市北条にて国営パイロッ

ト事業に取り組み、有機農業を実践し、農業を志す新規参入者の育成を進めるため、2002年に組織された。とりわけ、農地の開発補助金を獲得するためには地元の法人が必要であったため、遠隔の地で「無謀な投資」（大津氏）とも思える事業展開を進めた。

これを敢えて進めた背景には、県都をベースにした野菜の流通モデル、すなわち地域内の食料循環モデルを確立したいという片山元治氏の考えがある。松山市を消費地として設定された地域内循環は、「ノートピア構想」で提起された「百姓の理想郷」の拡大版としてとらえることができ、より広域の自給圏設立を模索していたことがうかがえる。

⑤独立型就農者育成の失敗

生産効率の悪い段畑で有機農業を指向する新規就農者について、「野菜なら自立できるかもしれんが柑橘は難しい」と大津氏は言う。5年で農家として自立できるようになるには相当の経営力が不可欠であり、通常は6〜10年を要する。大津氏によると、独立に必要なものは、経営力、技術管理（施肥設計なども含む）、理念、体力であり、今の時代であれば土地は何とでもなる。

しかし、これまでに無茶々園で研修に取り組んだ独立志向の者はそこに至るまでに辞めてしまった者が多い。中には有機農業に取り組みたいという強い思いを持った新規就農希望者があり、先人の言うことを聞かずに自身の理屈で実践した結果、木を全て枯らしてしまうなどの大きな失敗をしてしまった事例もある。

地域の気質について大津氏は、Ⅰターン者には「よう来た、困ったことがあれば何でも言えよ」と言いながら、「でも自分でやれよ」という風潮があるという。その一方で、人材育成のためのプログラムやカリキュラムは確立されていなかった。経済的メリットを得ることができなければ、農家として残ることができないのは当然のことである。大津氏は、狩江地区に来た就農希望者を個々に農家として育成する方向は「失敗だった」と評価している。現に、第1〜2次ブームの状況を踏まえ、以後は独立したい者の受け入れは行っていない。

⑥経営リスクの軽減

ここで、なぜ柑橘だけでは独立した経営が難しいのかを考えてみよう。栽培技術を習得するためには時間がかかることに加え、柑橘経営には台風のリ

スクが伴う。台風が1回来ると、その後は2年くらい収量が落ちる。この危険は昔からある。年配者だと収量は減ってもやっていけるが、子育て世代にとって年間の収入が不安定になるのは死活問題である。例えば、狩江地区から子息を大学へ行かせると1人あたり500万円程度が必要であると言われている。これまでに、台風の被害によって経営が成り立たない年があり、農業を辞めた人もいる。

　このような経営リスクをどう軽減するかを考えなければならない。現在は保険ができ、8割の保証が実現している。それに加えて、柑橘だけではなく梅や野菜など細かく経営する方向も模索している。また、1度の台風が愛媛県全域に及ぶ訳ではない。狩江地区があり、北条地区や愛南町という遠方で農業をやっていることはリスク分散にもなる。狩江地区ではできない愛南町での甘夏の栽培、北条地区での伊予柑や他の野菜の栽培とこれらを乾燥させた加工品製造などを実践しているのはリスク軽減策の意味もある。さらに、狩江地区の中でも風が当たる場所とそうでない場所があることから、地区内で園地が分散していることも大事である。カメムシの被害も園地の分散によってある程度は緩和される。ただし、分散や多様化の方向は管理能力が求められることに留意する必要がある。十分な経営センスや管理能力が備わっていない農家は、農地の分散や作物の多様化によって致命的な影響を受けることになる。

⑦無茶々園の職員として地域に根ざす

　無茶々園は、独立した農家の育成が失敗した経験を経て、人材育成と組織のあり方を転換させた。

　大津氏によると、無茶々園に残っている動機には大きく分けて2とおりあるという。1つは地域が好きだから残っている人達、もう1つは仕事にやり甲斐を見出した人達である。特に後者は、仕事の中で役割を持つことが重要となる。これらの点を重視し、職員の勉強会に力を入れるとともに、地域と関わることや無茶々園の理念を共有することも重視した。そして、これらの人材を農家として独立させるのではなく無茶々園のスタッフや関係者として残し、その中でリーダー的な人材が全体を引っ張っていくようにしたのである。つまり、組織としての人材育成は、生産技術の向上のみを目指すのではなく、十数人の労力の分配をいかにうまくやれるかによって開けてくる。

「ファーマーズユニオン天歩塾」を率いてきた村上尚樹氏はこの能力に長けており、他にも西予市明浜町、愛南町、松山市北条地区のそれぞれに運営の担当者が存在している。

Iターンとして来訪して定着したスタッフは現在22名にのぼり、「ファーマーズユニオン天歩塾」の設立から17年間でのべ60人程度を受け入れてきた。村上氏を含め現在の幹部となっている人材は、無茶々園が新規就農者の確保・育成を始めた頃に訪れ、辞めずに残った人々である。

組織的な人材の定着が有効であることが実証されてきた一方で、理想は農業で自立することである。大津氏が描く将来像は、ファーマーズユニオンで数年から10年程度の経験を積めば農家として独立できるプログラムである。

⑧地域と家庭を職場（無茶々園）が結ぶ

無茶々園は紆余曲折を重ねつつ、移住者が地域へ定着するための受け皿として大きな役割を果たしている。加えて、初期から地域とのつながりを意識してきたこともあり、移住者は狩江地区の人の良さや習慣に共感して残るようになった。職員は、「地域にいなくて他の所に住んでいたのでは意味がない」と考える者が大半である。

狩江地区には地域活動に積極的に参加する習慣があり、住民の郷土への愛着が濃い。大津氏が指摘する「地域が好きだから残っている」という人々は、このような気質に惹かれたということである。

地域活動への参加率が良いことについて、地区内の教育力の高さを指摘する声がある。古くは1650年頃に威徳院源界法印が狩江地区に寺子屋を開いたことに始まる。また、戦前の1927年に赴任してきた高岡道校長は、「狩江には理想の教育の形がある」と述べたという。さらに狩江小学校廃校までは、地区をあげて運動会を開催し、全戸がPTA組織へ加入していた。これら学校教育を中心としたまとまりは、青年団時代に社会教育での活躍へと発展し、現在に至っている。

無茶々園の職員も地元志向が強い背景には、自身が住んでいるコミュニティ（狩江地区）、職場（無茶々園）、家族との暮らしの3点が渾然一体となっている実態がある。その一翼を無茶々園が担い、地域と暮らしを結びつけていることを重ねて指摘しておきたい。

（2）外国人研修生の存在

　無茶々園はその発展過程で海外との連携を模索し始めた。その1つの結果が海外研修生の受け入れである。2000年から外国人研修生の受け入れを開始し、2002年にフィリピンからの研修生を受け入れて以降、本格的に取り組んでいる。現在の無茶々園の農業は、就農希望者として定着した日本人と外国人研修生によって支えられている。

①受入制度の概要

　日本での外国人研修生の受け入れは厳格に制度化されている。大まかな流れは、まず、人材を送り出す国の機関が日本の入国管理局に申請をする。日本では受け入れ団体が届け出を出し、入国管理局がこれを許可する。受け入れ団体は事業協同組合のみが対象となっている。そのため、無茶々園では受け入れ団体となる「アグリビジョン」を設立した。「アグリビジョン」は現在、「ファーマーズ協同組合」と名称を変更している。

　1人につき研修期間は3年で、1つの企業で受け入れできる人数の上限は3人である。このことから、受け入れ人数を最大限まで満たすと、常時9人いることになる。

　受け入れに必要なのは、渡航費、外国人が就労するために義務づけられている1ヶ月の研修（初期にファーマーズユニオンで実施していたが、現在は外部へ委託）、保険代、ビザ代、月18,000円の管理費で、これらの合計は平均すると300,000円程度になる。給料は残業なしで1人あたり年間200万円から230万円程度。

　受け入れ費用と給料は、受け入れる農家が負担する。これらは、柑橘であれば経営面積を0.4ha程度増やせば賄うことができる。従って、農家にとっては少々の規模拡大で1人の受け入れが可能であり、規模を拡大しても労力が増えるメリットがある。

②労働者育成と経営者育成

　外国人研修生の仕事への取り組みは、大津氏の評価では日本人より頼りになるということである。草刈りや消毒など、労働負荷が大きな仕事は研修生がこなすため、高齢になった農家にとっては大いに助かる。

第4章 無茶々園における農業人材の確保と育成　　91

剪定などの重要な仕事は農家が担っている。研修生に摘果まではしてもらうが、経営や繊細な作業は任せにくい。そのため、身につく技術は基本レベルにとどまる可能性がある。つまり、研修によって経営者としての知識を習得するのではなく、実態は農業の作業者（ワーカー）となっている。

来日する研修生は、農家の息子などのワーカークラスである。修了後は帰国して農業を経営することになっているが、帰国後に日本で得た資金で土地を買ったりビジネスを始めたりする事例もある。ただし、帰国後の動向までは詳細に把握できていない。

現地のファーマーズ組織「ファーマーズユニオンベンチャー」の社員に来日してもらい、経営を教え、母国で農業経営者として起業することが理想である。無茶々園でも過去に外国人研修生を経営者として育成しようと試みたが、やはりワーカーの域を脱することができず、1年で帰国してしまった。加工や経営をしたいという意志のある人材が来なければ、経営者の育成は難しい。また、そのためには語学の修得も必要であり、受け入れ側で教える体制も組まなければならない。

③将来展望　－外国人研修生との連携による農業支援－

愛媛県内で活動しているファーマーズユニオンのスタッフのほとんどがIターン者である。彼らと外国人研修生を組み合わせることで労働力は安定する。現在は、おおむね日本人9人に対して研修生が6人の割合となっている。この体制に基づけば、日本人スタッフが辞めても生産活動は続けていくことができる。辞めた後に新たな日本人の就農希望者が入って研修を重ね、独立していき、また新しい人材が入るというプログラムが可能である。

さらに将来構想として、片山元治氏は日本の産直モデルを海外につくるビジョンを持っている。それができれば海外の産品を適正に輸入・販売ができ、現在はベトナムからコショウの輸入を行っている。さらに、日本の産品を海外で売ることもできる。今は商社が産物を輸入しているが、経営者育成の研修制度を確立させて外国人経営者を輩出できれば、輸出入が直営でできる。貧しいから海外の産地を支援するという趣旨ではなく、対等・平等の立場で取り引きをする「国際産直」である。

今、愛媛県内には約500人の外国人研修生がいる。日本全体では数百万

人規模にのぼると考えられる。「国際産直」の実現のためには、彼らが国へ帰った時に日本のファンになっていることが重要である。そのためにも、滞在中の経営者育成とネットワーク形成が必要である。

5．おわりに：就農を支える組織と地域の協働

　販売農家の減少と農業従事者の高齢化が進行している愛媛県において、担い手の確保は急務である。特に、農地の4割が傾斜地に拓かれた果樹園であることに加え、無茶々園が志向する有機農業による柑橘栽培を考えると、技術面でも採算面でも高度な管理能力が要求される。その経営をいかに可能とするのかが一層の課題として浮かび上がってくる。

　就農は個人が経営者として独立していくことの難しさが障壁となっている。農業に対するイメージが良くなってきており、国や行政による支援もあるが、今のところはこの課題に対する決め手とはなっていない。無茶々園でも個人農家の育成がうまくいかなかったことは、この障壁がいかに高いかを物語っている。

　一方で、無茶々園が行う就農希望者の受け入れは、個人経営を目指す人材を対象とするのではなく、農業を行う組織へ就職する方法に切り替えた。就農のあり方に対して1つの活路を見いだしたと言える。さらに、外国人研修生の受け入れも積極的に行い、多様な農業の担い手が力を合わせることによって農業を持続させていくモデルを実現させている。

　このような組織による就農希望者の受け入れを可能にしている条件が2つある。

　1つ目は、生産技術、マネジメント能力、販売ルートなどを集積させることができ、後継世代への継承も可能となっている。さらに、生産、販売、企画、情報発信、他部門との連携は、個人経営であれば全てを1人または家族で担わなければならないが、組織化することによって内部での役割分担が可能になる。このようなしくみへの新規参入はしやすいと考えられる。

　2つ目として、狩江地区内部に住民同士の強い連携が存在しており、また、移住する者もそこに惹かれてやって来るという好循環が挙げられる。無茶々

第4章 無茶々園における農業人材の確保と育成　　93

園の職員が述べた、「地域にいなくて他の所に住んでいたのでは意味がない」という言葉が印象的である。移住後に狩江地区の活動に携わっている人材は多く、地域づくり組織「かりとりもさくの会」の役職を務めたり、同会の女子会を担ったりしている。勿論これらには元々の住民が積極的に関わっており、新たに移住した者が合流することによって住民とは異なる発想が混じり、良い相乗効果を発揮していることは言うまでもない。

　「ノートピア構想」に描かれた「百姓の理想郷」とは、このような共同体を形成することだと筆者は推察する。農業とは、仕事の1つとして位置づけられるだけではなく、風土とその上に成立している土地柄とともに歩むものである。それは同時に、暮らしと表裏一体のものであり、生活の自立と切り離せない。無茶々園が発展の過程で多様な分野へ広がり、時代の流れと場面の転換に応じて組織化を進めてきたことは、仕事と暮らしの両方を支える手段の模索に他ならないのである。

　冒頭で紹介した農学部生に対するアンケートの回答には、就農の方向性として組織や地域で働くという意向はなかったが、今後は最有力選択肢として考えていくことになるかもしれない。

注

（1）愛媛県「愛媛県果樹農業振興計画」（2016年3月）によると、2013年の果樹の栽培面積割合は、柑橘類75.7％（13,346ha）、柑橘類以外24.3％（4,275ha）であった。

参考文献

農林水産省統計情報「耕地及び作付面積統計」より
　http://www.e-stat.go.jp/SG1/estat/List.do?bid=000001024925&cycode=0
　2017年11月22日アクセス
農林水産省統計情報「耕地及び作付面積統計」より
　http://www.e-stat.go.jp/SG1/estat/List.do?bid=000001024925&cycode=0
　2017年11月22日アクセス
農林水産省「世界農林業センサス」より。
農林水産省「世界農林業センサス」より。
各町のホームページより。
無茶々園「無茶々園の40年」（2017年）19ページ。

第5章

6次産業化に取り組む経営者のあり方
－ 南予地域の農水産業の事例分析 －

三宅和彦

1. はじめに：6次産業化をめぐる背景

　日本の農林水産業・農山漁村を取り巻く環境は厳しさを一段と増している。

　農産物や魚の価格は低迷し、燃料や生産資材の価格上昇などにより、生産額や所得が継続的に減少してきているうえに、農業従事者や漁業者の高齢化と担い手不足に歯止めがかからず、結果として農山漁村地域は活力が低下してきている。こうした課題の解決に向けて、政府はこれまで様々な手を打ってきた。

　特に、2005年（平成17年）に策定された第2次「食料・農業・農村基本計画」では、農業の構造改革の立ち後れ、グローバル化の進展、農村に対する地域振興への期待など、情勢変化に対応した地域農業の担い手の経営を支援する横断的な政策へ舵を切った。なかでも食品産業との連携（食農連携）の促進が掲げられ、積極的な異業種との連携施策が盛り込まれたことは、従来の発想を変えるものである。

　2008年（平成20年）には、さらに異業種との連携を推進するため、農林漁業者と食品産業などの中小企業者の連携による新事業の展開を支援する農商工連携促進法が制定された。農商工連携とは、農山漁村の特色ある農林水産物を有効に活用するため、農林漁業者と商工業者がお互いの「技術」や「ノウハウ」を持ち寄って、新しい商品やサービスの開発・提供、販路の拡大などに取り組むものである。

　そして2010年（平成22年）に策定された第3次基本計画では、食料・農業・農村政策を日本の国家戦略として位置づけ、国民全体で農業・農村を支える社会の創造を目指すと明記された。さらに農業者による生産・加工・

販売の一体化や、農業と第2次・第3次産業の融合などにより農山漁村に由来するバイオマスなどのあらゆる「資源」と食品産業、観光産業、ＩＴ産業などの「産業」とを結び付け、地域ビジネスの展開と新たな業態の創出を促す「農業・農村の6次産業化」を推進することが発表され、同年12月3日、「地域資源を活用した農林漁業者などによる新事業の創出など及び地域の農林水産物の利用促進に関する法律」（以下6次産業化法）が公布された。ここに6次産業化が初めて政府によって法律というかたちで明記されたのである。

　水産業においても、昭和38年に制定された沿岸漁業など振興法を見直し、2003年（平成13年）に「水産基本法」が制定されたが、基本法に基づき2012年（平成24年）に策定された第3次水産基本計画において、多様な経営発展による活力ある生産構造の確立を行うとして、漁業者、漁協などによる加工・販売、他産業と連携した新商品の開発、販路拡大の取組などを促進する6次産業化の推進を行うことが明記されている。

　6次産業化法においては、農商工連携促進法と異なり、農林漁業の生産者が積極的に事業に関わって、経営の改善を図るための「総合化事業計画」認定制度が設けられた。

　「総合化事業」とは農林生産者が農林水産物などの生産及びその加工又は販売を一体的に行う事業活動のことをいい、その事業活動の計画が「総合化事業計画」となる。「総合化事業計画」が、農林水産大臣の認定を受けられると、国から専門家による無料サポートや補助金、低利融資など様々な支援が受けられる。

　平成31年4月26日現在で、全国で2,463件、愛媛県では35件の計画が認定されており（1）、政府の支援のもと、生産者は6次産業化に取り組んでいる。政府は、「日本再興戦略　改訂2014」（平成26年6月24日閣議決定）において、農政への大きな政策転換の第一歩として、攻めの農林水産業の展開に向けた構造改革を多面的に実行するとして6次産業化を位置づけ、6次産業化の市場規模を2020年には10兆円にすることを重要業績評価指標（Key Performance Indicators : KPI）とした（2）。

　今後の経済成長を考える上では、「食」や「食を生み出す農山漁村の資源や環境」に関係する産業を有機的に結合させ、農林漁業・農山漁村の6次産

業化を図り、生産・流通・加工・消費のそれぞれの段階で途切れがちであった価値を引き継ぎ、付け加え、農山漁村の希少資源を最大限有効に活用していく必要があろう。

　６次産業化をすすめていくためには、当然その担い手の存在が不可欠であり、６次産業化に取り組むということは、担い手である生産者が「加工」と「販売」の世界に足を踏み入れなければならない。そのとき、生産者は生産から消費までのバリューチェーンを構築することのできる経営マインドをもった「６次産業化経営者」へと変貌を遂げていくのである。

　しかしながら、一朝一夕に生産者が経営者になれるものではなく、いくつもの経営上のハードルを乗り越えていかなければならない。

　例えば生産物加工の過程一つをとっても、地域内はもちろん域外も含め安くて安定した原料の流通経路を確保したり、鮮度保持や品質劣化を防ぎ、消費者の高いニーズにこたえるための新しい貯蔵技術や冷凍冷蔵設備導入のための資金調達を行ったりするなどの対応が必要である。すなわち生産のみならず、経営課題を解決するための「組織経営・運営」も求められてり、消費者の視点を大切に、農林水産業者が経営マインド（経営感覚）を持って６次産業化に取組む環境づくりが課題となっている。

　本章では、６次産業化の原料となる農水産物等の地域資源が豊富な南予地域において６次産業化に取組む担い手である経営者及び経営体における現状と課題を把握し、どのような経営資質や経営マインドなどが求められているのか明確にした上で、これからの６次産業化の経営者に求められるあり方を述べていきたい(3)。

２.６次産業化経営体及び経営者のタイプ別分類

　本節では、６次産業化経営体及び経営者のタイプについて、目的と事業の方向性およびターゲット顧客によって分類を試みた。

（１）６次産業化に取り組む目的と事業の方向性

　６次産業化に取り組む主な目的は、①離島地域や半島地域などの条件不利

地域に立地する農山漁村の活力を向上させ、②生産者の所得向上と雇用を確保していくためである。この二つの目的のどちらに重点を置くかによって、事業の方向性は二つに分かれる。

　一つは、①に重点を置き、持続的な農山農山漁村の生活（コミュニティ）を守るため、地域アイデンティティをもって6次産業化によるふるさと（ローカル）への貢献を中心に取り組む「ローカル・コミュニティ志向」である。収益よりも小規模ながら、地域活性化のために地域住民との地域協働をもとに6次産業化に取り組もうとする経営者及び経営体である。

　二つ目は、②に重点を置き、比較的規模を大きくして確立した事業経営スタイルを目指して、顧客ターゲットを地域のみならず海外を含めた地域外に求め（グローカル（4））、収益力を重視した6次産業化ビジネスを通して、生産者の所得や雇用向上を中心に取り組む「グローカル・ビジネス志向」である。

（2）ターゲット顧客層

　6次産業化において、利益をあげる源泉となる販路開拓・販売戦略は重要な経営課題となっている。販路を考える際には、ターゲット顧客として、百貨店やスーパーマーケットに代表される小売業者などの企業向けなのか（B to B :Business to Business）、個人消費者や個人事業主向けなのか（B to C :Business to Consumer）により、販売戦略は大きく変わってくる。

　B to Bでは、全国あるいは海外に向けた生産物・加工品などの流通・供給を視野に入れて規模の拡大化を行い、原材料の調達から製品・サービスが顧客に届くまでの企業活動を、一連の価値（Value）の連鎖（Chain）としてとらえるバリューチェーン（価値連鎖）を構築していくために総合的な管理能力が必要となる。B to Cでは、顧客・消費者目線で個々のニーズによりきめ細かく対応した商品開発・サービス提供を徹底し、地域に根ざし、地域と協業して6次産業化に取り組むこととなる。

（3）経営者及び経営体のタイプ

　（1）、（2）でみてきたような事業の方向性とターゲット顧客により、経

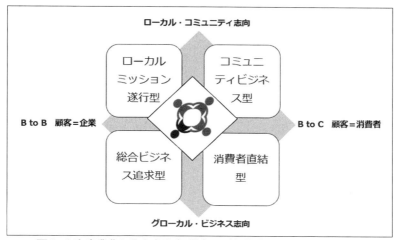

図1 6次産業化に取り組む経営者及び経営体タイプ（筆者作成）

営者及び経営体のタイプをモデル化したものが、図1である。

　コミュニティビジネス型は、地域住民が地域の課題をビジネスの手法を用いて解決する取り組み（5）のタイプである。規模は比較的小さいながらも、地域住民（コミュニティ）が主体となって、地域が抱える課題を自ら解決しようとするものであり、農山漁村女性による起業などはコミュニティビジネス型の分類に入ると考える。

　ローカルミッション遂行型では、地域住民生活の向上や農山漁村の持続的維持に軸足をおきながら、地域住民のニーズに対応した商品・サービスを地域企業・事業者と連携しながらすすめていくタイプである。地元の給食事業者などと連携して地域の生産物の地産地消をすすめていくことはローカルミッション遂行型の分類に入ると考える。

　消費者直結型及び総合ビジネス追求型では、比較的大きな規模で、地域のみならず全国あるいは海外の市場を相手に事業を展開し、生産者の所得増加と雇用の確保を本格的に目指すものである。消費者直結型では、生産物や加工品、サービスを地域内にとどまらず、域外などの個々の消費者や事業者に直接届けていくもので、インターネット販売、有名料亭やレストラン、大手寿司チェーン店への直接販売などは消費者直結型の分類に入ると考える。総

合ビジネス追求型では、加工場などの設備を有し、大手の流通・小売業者と連携して、6次産業化を展開するものであり、地域経済に与えるインパクトは大きく、市場規模の拡大を政府がすすめていくうえで、このタイプの経営者あるいは経営体をいかに増やしていくかが重要な鍵となろう。

3．6次産業化経営者の経営資質

　本節では、金融機関が融資審査判断時に決算書などの財務項目以外に判断資料として用いる、いわゆる非財務項目をもとに、経営者及び経営体に求められる経営資質を考察していきたい。

　金融機関は、貸借対照表や損益計算書などの財務諸表をもとに融資判断を行うほか、経営者の人格、経営歴、経営管理能力や社内の組織体制、事業の将来性などといった、いわゆる非財務項目についても融資判断の検討材料としている。この非財務項目については、事業者が将来にわたって持続的に事業を継続していくために考えられる必要条件が掲げられており、経営資質を評価する際の評価項目として本章では活用することとする。当該非財務項目をもとに、6次産業経営者あるいは経営体を分析することで、6次産業化に固有の経営資質のあり方などについてのモデルを考案し、6次産業化を推進していくための担い手のあり方の提言を行いたい。

（1）融資判断時に用いる非財務項目

　金融機関における融資審査において、融資先の財務内容の適正さはもちろん、取引先としての適正度や業務内容といったいわゆる非財務項目についても審査の判断基準としている。特に経営者の資質については、事業計画や事業の将来性を見極めるうえで非常に重要な判断基準となる。

　図2は、金融機関において特に6次産業化の経営者あるいは経営体に対する融資審査の際に検討する代表的な非財務項目及びその内容を政府系金融機関や地域金融機関に対するヒアリングを通じてまとめたものである。融資判断は総合的に行うものであって、これら7項目22の内容を満たしたからといって融資が必ずしも行われるわけではないことに留意が必要である。

100

	非財務項目	非財務内容
1	経営者の人的資産	①生産者・農村漁村生活の発展に向けたビジョンを持って取り組んでいる ②自社の営利活動だけに捉われず地域貢献のための奉仕活動を厭わない ③地域住民、顧客から信頼される性格である ④経営者としての経験年数 ⑤経営者の職務経歴からみた得意分野
2	組織管理能力	①経営理念が明確になっている ②従業員 (生産者) の士気を高めることができる ③コンプライアンス・リスク（天候・病害による原料調達リスクを含む）管理体制が整備されている ④社内教育が充実している ⑤財務状況を経営者が把握している ⑥6次産業化をすすめていくための有資格者が内部にいるか
3	情報発信・受信力	①顧客に商品・サービス内容を理解してもらうためのツールを有している ②顧客の評価をフィードバックする体制を構築している
4	ネットワーク構築力	①経営者の人脈 ②生産→加工→流通→消費の各連携協力者と信頼関係を築き人的ネットワークを構築することができる
5	商品・サービス開発力	①商品・サービスの開発に経営者が積極的に関わり、絶え間なく開発に取り組んでいる ②市場ニーズに的確に対応し、ニーズに合わなければ速やかに修正できる ③競合他社にない強みを商品・サービス開発に反映できる ④商品・サービスが顧客のみならず従業員の満足につながっている
6	販売・マーケティング力	①自社の強みを生かすことのできる販売先の獲得手段を把握している ②特定先に集中せず、新規販路開拓を持続的に行っている ③効率的な物流ルートが確立されている
7	地域融合力	①地域における利害関係者との調整を行うことができる ②行政・農協漁協と強いパイプを有し友好的関係を築いている

図2 金融機関による非財務項目及び非財務内容
（ヒアリングをもとに筆者作成）

（2）融資審査時に用いる非財務内容

　まず第1に、経営者の人的資産があげられる。これは経営者の人格や事業への情熱といったものである。6次産業化を推進していく主な目的に、私利私欲だけではなかなか達成できないであろう地域農山漁村の活力の向上があげられる。通常の会社経営に比べ、自社の営利活動にとどまらず、非営利活動も含め、地域住民とのつながりや協働が求められる機会が増えるとともに、地域活性化への経営者の情熱すなわち地域アイデンティティを地域から試されることになる。6次産業化経営者及び経営体が、地元農山漁村の活力向上の情熱を持ち、地域に信頼されているかどうかは、重要な判断材料となる。

　第2に、組織管理能力があげられる。経営組織体で6次産業化をすすめて

いく以上、従業員に対する人的管理や教育の徹底、規制法規の順守などの法令順守体制、生産物が安定確保できない場合の危機管理体制、6次産業化が生産、加工、販売・サービスの一体的な取り組みであることから、農、商、工業の簿記の違いを念頭に置いた財務管理や損益・収支分岐点などの財務分析など、経営体を持続可能なものとしていくために必要な組織管理体制を構築していかなければならない。とかく生産者は馴染みが薄いであろう会計学や法律にアレルギーをおこしやすく、生産者らが6次産業化経営者へとなるためには、特にこの組織管理能力を外部専門家の指導や支援を受けながら養っていく必要がある。

　第3に、情報発信・受信力があげられる。どんなに良い商品やサービスであっても、知ってもらえなければ買ってもらえない。特に6次産業化においては、産地のブランド力が大きな強みとなる。ブランド力向上のため、その強みを販売先に伝えるべく、商品やサービス内容を分かりやすく説明したホームページやパンフレットなど、情報発信ツールを制作したうえで、常に情報発信を心がけるとともに、顧客からの反応をしっかりと受け止めて、より良い商品やサービスの拡充に努める情報受信体制が構築されている必要がある。

　第4にネットワーク構築力があげられる。6次産業化経営者及び経営体は、生産→加工→流通→消費と一連のバリューチェーンを構築するために、各過程の連携協力者と信頼関係と人的ネットワークを構築していかなければならない。地域協働により有力な連携協力者の信頼を得て、人脈を拡げていく力が必要となる。

　第5に、商品・サービスの開発力があげられる。顧客に受け入れられない商品開発によって売れ残りの不良在庫を抱えることは、即経営の悪化を意味する。量販品を売るのか高級品を売るのか、家庭用か業務用か、強みを最大限に生かした主力商品を何にするのか、顧客ニーズを的確に把握した商品・サービス開発に心血を注がなければならない。6次産業化の場合、生産者のプライドが総じて高く、自らの生産物に対して絶対の自信をもっている場合が多い。しかしながら、生産者にとって良いものが必ずしも顧客にとって良いものとは限らない。経営者自らが仲間である生産者らと話し合い、販売・提供した商品・サービスが顧客の満足と生産者の意識にズレがないような商

品・サービス開発を行っていく必要がある。

　第6に、販売・マーケティング力があげられる。利益を上げていくためには、自社の強みを生かすことのできる安定した販路を確保しておかなければならない。そのためにも、強みを分かりやすく表現したキャッチコピーや説明書をもって、販売先と絶えずコミュニケーションできる手段と機会を確保しておく必要がある。農業漁業における6次産業化の強みとしてよくあげられるのは、「鮮度と産地ブランド」であると考える。例えば漁業において、販売先が希望する魚種の発注を受ければ、即座に発送・販売できるように鮮度を売りに販売先のオーダーやニーズに誠実に対応し続け、販売先の信頼を獲得することが重要となる。そのことが、業界内の評判を呼び、さらなる新規販売先を紹介してもらえるようなプラスの連鎖につながり、その信頼の鎖が産地ブランドを形成することにつながるであろう。

　最後に、地域融合力があげられる。通常生産物は農協や漁協といった系統機関を通して市場に出荷されるが、そこを6次産業化で、生産者自らが販路を開拓して加工・販売を行うことから、地域系統機関や行政の理解と協力が必要となる。地域の利害関係者と衝突するのは好ましくなく、地域における市場価格への影響などを考慮し、地域の調整役をしっかりと担いながら、地域と協働して地域に根付いた事業を展開していく必要がある。

　以上7つの非財務項目の視点から経営者及び経営体に融資審査の際に求められる内容をみてきたが、一般的な企業に対する非財務項目審査と異なる観点は、「6次産業事業者の事業が地域にとって必要とされ、地域に対する経済的波及効果が高いものであるかどうか」に重点をおいてあることである。すなわち、私企業でありながらも、地域に貢献する公器としての性格を併せ持つ経営体であるかどうかという点を審査しているのである。

　なお、上記7つの非財務項目をもとに融資審査を行っているが、審査だけの視点ではなく、6次産業化経営者の経営支援の視点からも、7つの非財務項目は活用されていることを付け加えたい。

　『日本再興戦略　改訂2015−未来への投資・生産性革命−』本文第一部総論において、以下の記述がある。「攻めの経営を支援する体制を構築すると言っても、特に、個々の農林水産事業者が自力のみで「攻めの経営」を実

践していくのは容易なことではない。製造業やサービス業への経営支援で優れた成功事例を有する税理士や中小企業診断士、地域金融機関などのノウハウに、これまで農林水産分野に蓄積されてきた知見を組み合わせ、付加価値の高い経営支援を提供できる体制を、全国各地に構築していく。」（下線筆者）

すなわち、製造業やサービス業への融資を通じて、成功してきた経営者や逆に失敗した経営者の事例について豊富なノウハウ・経験を有する地域金融機関が、7つの非財務項目を活用して経営者の経営水準をはかりながら、持続的経営を目指していくために足りないものを支援していくことが求められているのである。

（3）6次産業化経営者及び経営体からみた
非財務項目の自己評価及び優先順位

以上みてきたとおり、6次産業化に取り組む経営者及び経営体のあり方について考察する際に、成功してきた経営者や逆に失敗した経営者の事例について豊富なノウハウ・経験を有する地域金融機関が融資審査あるいは経営支援の際に判断材料とする非財務項目を活用することは、持続的な6次産業経営を目指すために必要な経営資質・マインドを検証する際に有用であると考える。そこで、愛媛県内において6次産業化に取り組む経営者及び経営体のなかから、図1の4つのタイプに該当する事例を選び、図2の非財務項目について、各タイプの経営者に自己評価及び優先順位をヒアリングしたところ、図3~6のとおりとなった。

①コミュニティビジネス型経営体

コミュニティビジネス型経営体の経営者において、優先順位の高い項目は、「地域融合力」、「経営者の人的資産」、「販売・マーケティング力」であり、また経営者の人的資産、地域融合力については、自己評価も高く特に地域貢献への思い入れすなわち地域アイデンティティが強いことが伺えた。ただ地域融合力については、行政や系統組織との意思疎通及び連携をさらに密にしていかなければならないとの声が聞かれた。「販売・マーケティング力」については、優先順位は高いものの必ずしも自己評価は高くなく、ヒアリングのなかでは、営業担当の人材不足をあげていた。

一方、優先順位は中位・低位ながら、自己評価が高くないものに、「情報発信・受信力」「ネットワーク構築力」「組織管理能力」があげられた。コミュニティビジネス型経営体は、規模が比較的小さなところが多く、人的資源不足から経営管理や情報発信がどうしても脆弱とならざるを得ないところがある。そういった経営課題をネットワーク構築力で補完していくことが求められている。
②ローカルミッション遂行型経営体
　ローカルミッション遂行型経営体の経営者において、優先順位の高い項目は、「地域融合力」、「ネットワーク構築力」、「経営者の人的資産」であり、また当該項目については、自己評価も高く自信を有していることが伺える。
　地域の加工業者と連携しながら、顧客としては、地元の学校給食や飲食店、生協などをターゲットとしており、地域に融合しながらいかにして地元とのネットワークを構築して地域と協働していくかが重要と考えており、そのためには地域貢献への強い信念を地道に伝えながら、地域に信頼されるように日々の活動に取り組んでいる。
　優先順位は中位から低位にあるものの、自己評価が低かったのは、「組織

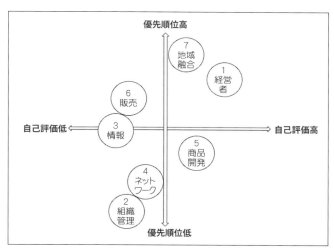

図3　コミュニティビジネス型経営体における非財務項目の優先順位
　　　及び自己評価（ヒアリングをもとに筆者作成）

第5章 6次産業化に取り組む経営者のあり方　　105

管理能力」と「販売・マーケティング力」であった。

ヒアリングのなかで、組織管理能力の項目では、原価計算や損益分岐点計算などの会計を税理士任せにせず、自ら把握しておきたいとの声が聞かれた。また食品衛生管理の国際標準であるHACCP（ハサップ）の食品関連企業への導入義務化が目前に迫るなか、法規制への対応や社内の法令順守体制について不安をもっていた。

また販売・マーケティング力では、地産地消をメインにやっているなかで、販路が地域に限定されることへの不安があるとして、複数の販路の新規開拓をしっかりとやっていきたいとの声がヒアリングのなかで聞かれた。

③消費者直結型経営体

消費者直結型経営体の経営者において、優先順位は、「販売・マーケティング力」、「商品・サービス開発力」、「情報発信・受信力」が高く、中位から低位には、「経営者の人的資産」、「組織管理能力」、「地域融合力」、「ネットワーク構築力」となった。自己評価は、地域融合力、経営者の人的資産、販売・マーケティング力、ネットワーク構築力が比較的高い一方、商品・サービス

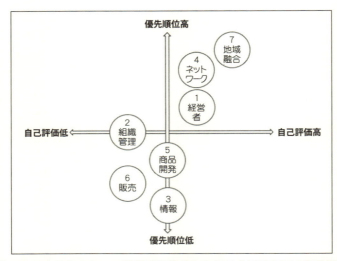

図4 ローカルミッション遂行型経営体における非財務項目の優先順位及び自己評価（ヒアリングをもとに筆者作成）

開発力、情報発信・受信力、組織管理能力は比較的低い結果となった。消費者直結型経営体では、地域に融合して、地域でとれた生産物を地域外の消費者や個人事業主に直接販路を展開することが多く、地域融合力や販売・マーケティング力には自信をもっていることが伺える一方で、消費者のニーズをフィードバックして商品・サービスの改善に結びつけていく情報管理体制の現状に不安を持っていることも分かる。

　ヒアリングのなかで、消費者や個人事業主の商品の鮮度保持や加工レベルなどの要求水準が高く、生産者をいかに説得して、生産物の付加価値をいっしょに向上させる取り組みができるかが大変であったとの声が聞かれた。生産者と一緒に最終消費者のところへ行き、自分たちの生産物が最終消費者にどのように扱われて、また喜ばれているかを直接みることで、付加価値をつけることの大事さの体感と士気の向上に役立ったとの声も聞かれた。経営者と生産者そして最終消費者が一体となって、商品開発と販路開拓に取り組むことの重要性が認識できる。

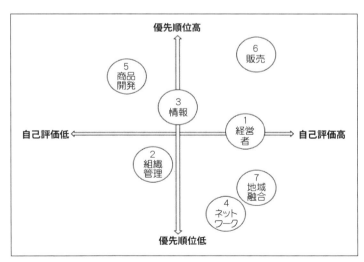

図5　消費者直結型経営体における非財務項目の優先順位及び自己評価
（ヒアリングをもとに筆者作成）

④総合ビジネス追求型経営体

　総合ビジネス追求型経営体の経営者において、優先順位の高い項目は、「ネットワーク構築力」、「商品・サービス開発力」であり、いずれも一定の中位から高位の自己評価を行っていた。また優先順位は中位・低位ながらも「経営者の人的資産」及び「地域融合力」についても、中位から高位の自己評価を行っている。

　総合ビジネス追求型経営体においては、比較的大きな規模で、生産→加工→流通→消費と一連のバリューチェーンを構築して商品・サービス開発を行っていることからも経営者自身がこれらの項目について自信を有していることが伺える。ヒアリングのなかでは、生産→加工→流通→消費の６次産業化のバリューチェーンのなかでも、生産物の安定確保なしに商品の安定供給ができないことから、多様な生産者とのチャネル構築や行政機関などとの連携のための信頼関係の構築もしっかりやっているとの声が聞かれた。このことは経営者の人的資産や地域融合力についての自己評価に現れている。優先順位が高いものの自己評価が相対的に低い項目に「組織管理能力」があげられていた。

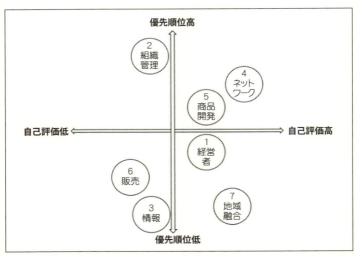

図６　総合ビジネス追求型経営体における非財務項目の優先順位及び自己評価
（ヒアリングをもとに筆者作成）

ヒアリングのなかで、法令順守体制の構築や法規制対応については、自社内の社員教育や独学の知識では間に合わず、流通・量販店のパートナーに教えられ、鍛えられることが多いとのことだった。原価計算や損益計算などの財務管理も財務のプロの手を借りながら経営者自らが数字を理解できるように悪戦苦闘しているということである。外部のみならず会社内部の従業員との信頼関係の構築も大切だとの声も聞かれた。

　優先順位は、中位から低位にあるが、自己評価は相対的に低かった項目に、「販売・マーケティング力」及び「情報発信・受信力」があげられていた。ヒアリングのなかでは、現在ある販路先のみならず新規販路先を構築していきたいが、競合他社への配慮や時間的制約から中々新規の販路の開拓が進まないことがあげられていた。また販売先小売業者に商品を供給した後、最終消費者はどう感じているのかといった生の声をしっかりと拾えていないことに対する課題もあげられていた。

４．６次産業経営体及び
　　経営資質の顕在的・潜在的な強みと弱み

　本節では、６次産業化経営体及び経営資質の顕在的・潜在的強みと弱みを考察したい。

　図７は、図２金融機関による非財務項目及び非財務内容における優先順位と自己評価を軸にマトリックス化したものである。

　本章において筆者は、優先順位が高い項目については、６次産業化経営者のなかで常に行動指針として意識している「顕在的」なものであるとし、逆に優先順位が低い項目については、「潜在的」なものであると定義したい。

　自己評価の高い項目については、経営者あるいは経営体が自信を持ち、得意とする「強み」であり、逆に低い項目については、経営者あるいは経営体の抱える「弱み」であると考え、優先順位が高くかつ自己評価の高いセグメントを「顕在的強み」、優先順位が低いが自己評価が高いセグメントを「潜在的強み」、優先順位が高いが自己評価が低いセグメントを「顕在的弱み」、優先順位と自己評価ともに低いセグメントを「潜在的弱み」と定義する。

顕在的強みは、6次産業化経営体にとって、経営者が優先的に取り組むべきと考えている経営事項にしっかりと対応できており、6次産業化経営体の強みとして積極的にアピールすべきものである。
　潜在的強みは、6次産業化経営体にとって、経営者が取り組む経営事項として優先度は低いもののしっかりと対応することで、顕在的強みである経営資源を発揮できるという意味で大事な経営基盤でありバックグランドとなるといえる。
　顕在的弱みは、6次産業化経営体にとって、経営者が優先的に取り組むべきと考えている経営事項への対応が不足している事項であり、6次産業化経営体がすぐに改善に取り組むべき課題であるといえる。顕在的弱みを顕在的強みに変えていくことが組織の厚みを増し、経営体の組織力向上につながるものと考える。
　潜在的弱みについては、6次産業化経営体にとって、経営者が取り組む経営事項として優先度が低く、後回しとなって対応も不十分である点で、喫緊に取り組むべき経営課題であるとまではいえないが、持続的・発展的な経営

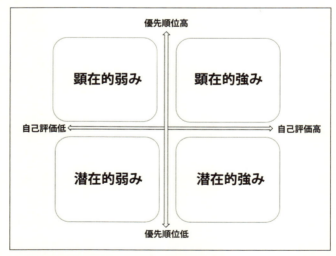

図7　6次産業化経営体及び経営資質の顕在的・潜在的な強みと弱み
（筆者作成）

タイプ	顕在的強み	潜在的強み	顕在的弱み	潜在的弱み
コミュニティビジネス型	1 経営者の人的資産 7 地域融合力	5 商品・サービス開発力	3 情報発信・受信力 6 販売・マーケティング力	2 組織管理力 4 ネットワーク構築力
ローカルミッション運行型	1 経営者の人的資産 4 ネットワーク構築力 7 地域融合力	3 情報発信・受信力 5 商品・サービス開発力	2 組織管理力	6 販売・マーケティング力
消費者直結型	1 経営者の人的資産 6 販売・マーケティング力	4 ネットワーク構築力 7 地域融合力	3 情報発信・受信力 5 商品・サービス開発力	2 組織管理力
総合ビジネス追求型	4 ネットワーク構築力 5 商品・サービス開発力	1 経営者の人的資産 7 地域融合力	2 組織管理力	3 情報発信・受信力 6 販売・マーケティング力

表1　6次産業化経営体及び経営資質タイプ別の顕在的・潜在的な強みと弱み
（筆者作成）

を行う上で、将来的に経営体の存続・発展性を左右するような経営問題に発展する可能性が高いものとして認識しておかなければならないものといえる。

　図3～6の結果をもとに、それぞれの6次産業化経営体及び経営資質のタイプ別に図7の4つのセグメントを当てはめたものが表1である。

5．おわりに：
6次産業化における経営体及び経営資質のあり方

　本節では、図1のタイプ別分類ごとに表1に基づいて、6次産業化における経営体及び経営資質のあり方について考察したい。

（1）コミュニティビジネス型経営体及び経営資質のあり方
　コミュニティビジネス型経営体及び経営資質については、商品・サービス開発力を背景に地域アイデンティティを持った経営者の人的資産と地域融合力を武器にして事業を展開している。しかしながら、顧客ニーズの掘り起こし及びホームページやSNSなどによるITを活用した情報発信力の強化及び多様な販売先の確保・開拓については、喫緊に取り組むべき課題となっている。将来的には、経営体としての管理能力と連携事業者の新たな掘り起しと関係強化が課題として浮かびあがってこよう。コミュニティビジネス型経営

体及び経営資質のあり方として、経営者の地域活性化への想いすなわち地域アイデンティティと裏腹に、開発した商品が消費者ニーズに合わず、空回りしないように、地域顧客の声をしっかりと聞きながら地域協働を強め、外部専門家の技術的要素をいかに内部に取り込んで組織管理能力の強化に努めつつ、ネットワークの拡大をいかに図っていくかが重要となってくる。

（2）ローカルミッション遂行型経営体及び経営資質のあり方

　ローカルミッション遂行型経営体及び経営資質については、情報発信・受信力、商品・サービス開発力を背景に、経営者の人的資産、ネットワーク構築力、地域融合力を武器として事業を展開している。しかしながら、社内の法令順守体制や法規制への対応、従業員教育などの組織管理能力の強化が早急に取り組むべき課題となっており、将来的には、新規の販売先の確保が課題として浮かびあがってこよう。ローカルミッション遂行型経営体及び経営資質のあり方として、築き上げた地域の顧客との信頼関係を法規制や法令順守違反などの組織管理能力の欠如によって失わないよう、管理能力の強化に取り組みみながら、地域における多様な販売先を確保していくための情報発信・受信力を顕在的な強みへと変えていくことが重要となってくる。

（3）消費者直結型経営体及び経営資質のあり方

　消費者直結型経営体及び経営資質については、ネットワーク構築力、地域融合威力を背景に、経営者の人的資産、販売・マーケティング力を武器として事業を展開している。しかしながら、経営体の強みを顧客に分かりやすく伝える情報発信ツールが充実しておらず、また顧客からの生の声をしっかりと商品開発に反映できていないとの声が聞かれた。鮮度を売りに高水準の有名レストランや料亭に直接水産物を届けているが、商品や水産物に対する要求レベルも非常に高く、きめ細かい対応をしていかなければ信頼を失うこととなりかねない。

　顧客からの要望にいかに応えていくか、漁業者との対話を重ねながら、地域協働を徹底し、従業員や漁業者のモチベーションを維持しながら組織管理の強化に努め、持続的に商品や水産物を安定的に提供し続けることが重要となってくる。

（４）総合ビジネス追求型経営体及び経営資質のあり方

　総合ビジネス追求型経営体及び経営資質については、経営者の人的資産、地域融合力を背景に、ネットワーク構築力、商品・サービス開発力を武器として事業を展開している。

　しかしながら、規模の拡大に伴い、実権経営者が一人で全体を管理していくのが困難な状況に陥った時や、長期出張で会社を不在にするときでも、組織の管理や運営を任せることのできる「番頭」的な人材の育成や財務体質の強化など、組織管理面についてまだまだ十分ではないとの声が聞かれ、すぐにでも取り掛からなければならない課題となっている。

　将来的に加工品や水産物の全国展開を持続的に行うためには、規模の拡大は避けられず、加工工場のコスト削減、販売手数料や中間マージン削減交渉による財務体質の強化も視野に入れた販売・マーケティング力の強化にも努めていかなければならない。

　あわせて、ブランド力向上のために、他と差別化されたネーミング設定や、産地、旬の時期、原料、価格、形、成分、味などの品質管理、製造工程、加工方法や育成方法、トレーサビリティなどの情報を分かりやすく顧客に伝える情報発信ツールを作成し、IT を活用した情報発信を絶えず行っていくことが重要となってくる。

（５）まとめ

　以上、タイプごとに 6 次産業化経営者を分類したうえで、必要な資質について考察してきたが、6 次産業化経営体と一般的な経営体とのビジネスモデルの違いは、利益の源泉となる商品やサービスが地域資源であるかどうか、その地域固有のものであるかどうかによると考えられる。すなわち、6 次産業化経営体は、他地域に比較優位な地域固有の農水産物である地域資源が魅力であり強みであることから、その土地で生産された農水産物をその土地のヒトが地域アイデンティティをもって、付加価値をつけていくことで地域の独自色を打ち出し、他にはない魅力を創出しているということである。したがって、地域の文化、歴史、伝統、風土、住民性といった多様な地域性の違

いはそのまま当該地域における 6 次産業化経営体のもつ特徴であり強みに直結することもある。したがって、先に述べたように売上高と規模だけをみれば、総合ビジネス追求型を目指し、6 次産業化の意義である所得と雇用の最大化を図っていくことが理想のように考えられるが、顕在的・潜在的強みでもある人的資産や地域融合力にも影響を及ぼす地域の特性によっては、コミュニティビジネス型やローカルミッション追求型、消費者直結型のモデルが地域特性に適する場合も考えられ、必ずしも一律に総合ビジネス追求型が理想のモデルとはいえない可能性がある。

　今後は、愛媛県内における農山漁村地域において、多様な地域特性に応じた 6 次産業化経営者及び経営体のタイプはどのようなものなのか、各農山漁村ごとに検討していきたいと考える。

注

（1）農林水産省ホームページ　六次産業化・地産地消法に基づく事業計画の認定の概要
　　　http://www.maff.go.jp/j/shokusan/sanki/6jika/nintei/attach/pdf/index-48.pdf
（2）首相官邸ホームページ　「日本再興戦略」改訂 2014　－未来への挑戦－
　　　http://www.kantei.go.jp/jp/singi/keizaisaisei/pdf/honbun2JP.pdf
（3）六次産業化・地産地消法に基づく事業計画の認定を受けた南予地区（大洲市・八幡浜市・内子町・宇和島市・西予市・愛南町）の事業者に対するヒアリング及び文献調査を実施した。
（4）三省堂 大辞林によれば、グローカルとは、グローバル（global）とローカル（local）からの造語で、国境を越えた地球規模の視野と、草の根の地域の視点で、さまざまな問題を捉えていこうとする考え方である。
（5）関東経済産業局ホームページ「コミュニティビジネスの定義」
　　　http://www.kanto.meti.go.jp/seisaku/community/index_about.html

参考文献

農林水産省『平成 23 年度版食料・農業・農村白書』農林統計協会 (2012) pp.189
室屋有宏「6 次産業化の現状と課題─地域全体の活性化につながる「地域の 6 次化」の必要性─」『農林金融』、第 66 巻第 5 号通巻 807 号、2013 年、pp.2 ～ 21」
六次産業化・地産地消法に基づく認定事業者に対するフォローアップ調査の結果 (平成 27 年度),2016, 農林水産省 ,pp.3-14
長谷川晃生「地銀などの農業融資への取組みとその特徴」『農林金融』第 62 巻第 6 号、

2009 年、pp.2 〜 12

長谷川晃生「地銀の農業融資の変化と最近の特徴」『農林金融』第 66 巻第 4 号、2013 年、pp.21 〜 34

泉田洋一「農業金融特質論再考」№ 12- F -01、2012 年

財団法人　農林水産長期金融協会『農業法人向け融資における実態調査報告書』(2008 年)

農林水産政策研究所：6 次産業化の論理と展開方向―バリューチェーンの構築とイノベーションの促進―　2015

農林水産政策研究所「海外における農村イノベーション政策と 6 次産業化」『サプライチェーンプロジェクト研究資料』第 3 号、2013 年

農林水産政策研究所「6 次産業化の論理と展開方向」『6 次産業化研究　研究資料』第 2 号、2015 年

創風社出版 出版案内

2024.4 現在
価格は総額表示
（本体価格＋税10％）

〒791-8068 愛媛県松山市みどりヶ丘 9-8
TEL. 089-953-3153 FAX. 089-953-3103 郵振 01630-7-14660
http://www.soufusha.jp/

☆ 話題の新刊 ① ☆☆☆☆☆☆☆☆☆☆☆☆☆☆

二十四節気をゆく　漢文漢詩紀行
諸田龍美 著
「清明」「雨水」「立夏」──風雅な名称を持つ二十四節気の推移に合わせ、漢詩漢文を中心に、日本や洋の東西の古典に示された様々な名言やエピソードなどを紹介する。季節の移ろいの豊かさを楽しむエッセイ集。　2200 円

続波瀾万丈の画家　八木彩霞
片上雅仁 著
八木彩霞という画家がいた──。人生行きづまると、必ず救いの神が現れてなんとかなるという福々しさ。美男で美声、女性によくモテた。画家にして文人・思想家・教育者。多面的でダイナミックな彩霞の評伝。　1980 円

写楽堂物語　－古本屋の時代とその歴史－
岡本勢一 著
1960 年〜80 年の学生運動を経て、チリ紙交換、古本屋、まんが喫茶、ネット販売と遍歴してきた著者の波乱の人生を軽妙に語る自伝的小説。図らずもその歩みは時代とともに大きく変化した古本屋の歴史と重なる。　2200 円

続・動物園のなにげない一日
みやこしさとし 著
大好評の愛媛県立とべ動物園発信コミックの第２弾！　飼育員の目線で動物園に起こった日々の出来事をユーモラスに表現、個性豊かな動物たちや飼育員のエピソード満載。動物園の新たな楽しみ方に出会う一冊。　990 円

私のエデンだより
小暮　照 著
これからの人生を託すと決めた松山エデンの園での暮らしも十年を過ぎた。季節毎に綴られたエッセイに、誠実に生きてきた歩みと穏やかな充足に満ちた現在の時間が刻まれる。世界各地のフォトエッセイも収める　1650 円

日本で過ごした二十ヶ月
H・G・ホーキンス 著
明治25年〜明治27年、アメリカからやってきた旧制松山中学校の英語教師・ホーキンス先生の日本滞在記。外国人が見た当時の松山が活き活きと描かれる。愛媛 SGG クラブ松山支部英訳翻訳グループにより翻訳。　1100 円

ふぇっくしゅん
堀内統義 著
繊細な言葉が掬い取る日常の密やかな詩情
あるいは普段使いの言葉が誘う優しくなつかしい記憶
堀内統義が紡ぐ32篇の詩の世界
　　　　　　　　　　　　　　　　　　　　　　　　　　　　2200 円

☆ 話題の新刊 ② ☆☆☆☆☆☆☆☆☆☆☆☆☆

台湾の近代化に貢献した日本人 　愛媛出版文化賞奨励賞　古川勝三 著
台湾は日本が50年間も統治し、迷惑をかけたアジアの一員 ── 。しかし、この間に台湾の近代化に貢献し、今も台湾の人々に慕われている多くの日本人がいる。当時の若き挑戦者達23名の偉業を紹介する。　　1650円

愛媛が生んだ進歩・革新の先覚者 　　　　　　　　　中川悦郎 著
「よもだ」精神で読み解く中川悦郎の歴史論考　長く愛媛県政で活躍した中川悦郎は在野の歴史探究者でもあった。その著作をまとめ、多彩な分野で活躍した愛媛県人たち、草創期の革命の士たちの足跡を紹介する。　2200円

風珈館異聞 　　　　　　　　　　　　　　　　　　　大早直美 著
高校生の歩美がめぐりあった公園横の小さな喫茶店・風珈館。姉と弟の二人で営むその場所は、小さな奇跡の起こる場所だった。コーヒーの香りと低く流れる音楽のなか隣人達の交差する心が紡ぐ7つのエピソード。　　1760円

愛媛 文学の面影 中予編 　愛媛出版文化賞受賞　　　青木亮人 著
豊穣なる愛媛の文化　三部作・一作目　町や村から往時の風景や賑わいが薄らぎ、人々の生活の足跡だけが遺された後、土地の面影を刻んだ記憶は精彩を放ち始める。中予ゆかりの文学や文化を縦横に語る随筆集。　2200円

愛媛 文学の面影 南予編 　愛媛出版文化賞受賞　　　青木亮人 著
愛媛ゆかりの文学や文化を語る三部作の第2弾・南予編。大江健三郎、二宮忠八、富澤赤黄男、坪内稔典、高畠華宵＆亀太郎、大竹伸朗、獅子文六、畦地梅太郎、芝不器男、そして鉄道唱歌に牛鬼、段々畑……　　2200円

愛媛 文学の面影 東予編 　愛媛出版文化賞受賞　　　青木亮人 著
愛媛ゆかりの文学や文化を語る三部作の第3弾・東予編。俳人の高浜虚子や今井つる女、深川正一郎、山口誓子、種田山頭火、吉井勇、若山牧水、住友吉左衛門友成公、そして関行男、林芙美子、別子銅山……　　2200円

四国遍路と世界の巡礼（上）最新研究にふれる88話 風ブックス21
愛媛出版文化賞受賞　愛媛大学四国遍路・世界の巡礼研究センター 編著
1200年の歴史を有し今なお生きた四国の文化である四国遍路と、世界の巡礼の学際的研究を進め、最新の研究成果を分かりやすく紡いだ88話・上巻。四国遍路と世界の巡礼の魅力について興味と理解を深める一冊。　　1430円

百姓は末代にて候 　　　　　　　　　　　　　　　　宮本春樹 著
「百姓は末代にて候」とは、寛文5年（1665）に幕府によって裁定された境界争いの折、裁判資料として幕府に提出された山形模型に添えられた言葉である。南伊予の山峡の村に遠い昔から伝わる木彫りの山形模型と一箱の古文書を軸に、四百余年にわたる時を生き抜いた森と人の物語。　1980円

台湾を愛した日本人Ⅲ 　　　　　　　　　　　　　　古川勝三 著
　　台湾農業を変えた磯永吉＆末永仁物語
「台湾中の農民なら誰もが知っている日本人がいますよ」。蓬莱米を作り出した彼らはこう呼ばれたという。『蓬莱米の父』磯永吉、『蓬莱米の母』末永仁。台湾農業の近代化に尽くした二人の足取りを追う。　　　1980円

第6章

景観と地域アイデンティティ
― 南予地域における景観とその保全の試みを中心に ―

市川虎彦

1．はじめに：景観のもつ意味

（1）景観と風景

　私たちが旅行に出るとき、主に何を目的としているであろうか。スキーや登山、海水浴といった体験型の愉しみを目的とする場合もあるし、歴史的な建造物や美術品の鑑賞に赴くこともある。また、食事も旅のたのしみの1つであろう。多様な目的がある中で、少なからぬ部分を占めているものに美しい景色にふれることがあると思う。それは都市空間であったり、古くから続く歴史的な景観であったり、自然の眺望であったりする。いずれにせよ風景を眺めるというのは、旅の目的の1つの典型と考えられる。

　今、景色、景観、風景という言葉を用いた。ふつうの人の日常生活では、これらの用語は意識して使い分けられてはいないだろう。しかし、地理学では「景観」と「風景」という用語を区別して使用している。地理学者の西部均は、「研究者たちは、みずからの主張の強調点によって、景観と風景という用語のニュアンスの違いから、客観的な土地の形状を問うときに景観を、主観的な土地の意味を問うときに風景を使い分ける一般的な傾向がある」（西部，2006，P.165）と述べている。同じく地理学者の荒山正彦は、「景観には客観性や中立性が内在していて、一方、風景には主観性や審美性が強く意識されているのではないかと思う」（松原・荒山・佐藤・若林・安彦，2004，P.83）としている。本論でも、以下ではこの立場にたってこれらの用語を用いていきたい。

　この風景を鑑賞するという私たちの行為の歴史的変遷について考察しているのが、西田正憲である。西田は、環境庁の職員として瀬戸内海国立公園の

管理にも携わった経験のある研究者であり、特に自然景の眺め方について論じている。

西田によれば、「わが国の自然景をもっとも広範に整序し編成していったのは歌枕であった」（西田，2004，P.28-29）という。そして、「歌枕の風景とは観念の風景にほかならない。それは現前のものを見るという視覚の風景ではなく、背後にひろがるものに思いをはせる意味の風景」（西田，2004，P.29）ということになる。これが日本の伝統的風景観である。それが、「江戸時代には、従来の見方にとらわれない風景の見方があらわれ、各地の奇観、真景という新たな自然景が浮かびあが」（西田，2004，P.31）るようになる。「この時期、風景の評価は、文学や美術などではなく、地理学、植物学などの自然科学が中心となり、風景は、地形、地質、植生、自然現象などの言葉で、科学的な傑出性や希少性について語られるようになっていた」（西田，2004，P.34）という。これが今日の近代的風景観である。

（２）風景とアイデンティティ

さて、このように心に映じる風景が、人々のアイデンティティの１つの核を成すということが、多くの人から指摘されている。たとえばオギュスタン＝ベルクは「風景は文化的アイデンティティの指標であるばかりではなく、さらにそのアイデンティティを保証するものでもある。アイデンティティが脅かされた時にはその拠り所であり、同時にアイデンティティ強化に利用される口実である」（ベルク，1990，P.11）という。

また若林幹夫は、「人びとを時間的にも空間的にもある関係の場につなぎとめるメディアとして、景観はしばしば機能します」といい、「別の言い方をすると、個人的なアイデンティティー、あるいは集合的なアイデンティティーのよりどころとして、景観は機能している」と主張している。そして、「自分が自分である、あるいはある村の人びとやあるいは国の人びとが同じ仲間であるということの自己同一性を可能にするような媒体として、景観というものは存在していた」（松原・荒山・佐藤・若林・安彦，2004，P.172）と論じている。景観は重要な地域資源であると同時に、人々の心のよりどころとなるものだということである。さらに若林にしたがえば、同じ景観を共

有している人々の間には、郷土意識のような共属感情が形成されうるということである。

（3）景観破壊と記憶の喪失

　一方で、今日、このような重要な役割を果たすはずの景観が破壊されつつあることを批判的に論じる者も多い。もとより日本の都市景観は、評判が悪かった。建築様式も高度も色彩もばらばらの建築物が立ち並ぶ、雑然として統一感のない街並みを嘆く声は絶えなかった。それが2000年代に入ると、地方の景観破壊を指摘する声が目立つようになる。徳島県の祖谷渓に古民家を購入し、四国にも縁のあるアレックス＝カーは、日本の景観に対して「そこに見えてくるものは、ひょっとすれば世界で最も醜いかもしれない国土である」と刺激的な言明をする。続けて「たとえば山では、自然林が伐採され建材用の杉植林、川にはダム、岡は切り崩され海岸を埋め立てる土砂に化け、海岸はコンクリートで塗りつぶされる。山村には無用とも思える林道が網の目のように走り、ひなびた孤島は産業廃棄物の墓場と化す」（カー，2002，P.21）と悲嘆の声をあげているのである。

　比較的早くから日本の景観の醜悪さについて論陣を張ってきた松原隆一郎は、「我が国の景観でもっとも激しい変化にさらされているのは、郊外のそれである。ファミリーレストラン、ラーメン屋、ガソリンスタンド、紳士服店、コンビニエンスストア、パチンコ店……その多くは巨大な看板に店名のロゴを描いている。自動車の窓から見える道路沿いの光景は、現代日本に生きる誰もが原体験として共有しているだろう。いつ果てるともなく続く人工的な光景。それはたえず変化しているのに、どこで出会ってもいつか見たことがあるという既視感をともなっている。そして自分がどこにいるのか分からなくなる不安を人にもたらしもする。均質に見えるからだ。現在の日本の景観が貧しいのは、都市部においてスクラップ・アンド・ビルドが繰り返されるのみならず、全国で郊外が味気ない形で均質化してしまったことにもよっている」（松原，2002，P.26）と、郊外や地方での景観破壊を指摘している。

　この松原の叙述することがらに、「ファスト風土」という卓抜な表現を与え、地方の社会や人々の生活の変容にまで踏み込んだ議論を展開したのが、

三浦展である。三浦は「本来、日本の地方には、城下町など固有の歴史を持った美しい都市が多数存在していた。都市の周辺には農村が広がり、やはりその地域の固有の自然と歴史のなかで暮らしていた。しかし、過去20年間に起きた交通網の整備と総郊外化の波は、そうした地域固有の歴史的風土を徹底的に崩壊させた。歴史的な街並みを持つ地方の都市中心部はモータリゼーションに対応できずに衰退し、田園地帯にショッピングセンターができた農村部もまた、それまであった生活を激変させた。日本中の地方が二重の意味で衰退し、画一化し、均質化し、『マクドナルド化』し、固有の地域性とは無縁の、全国一律の『ファスト風土』が生まれたのだ」（三浦，2004，P.27～28）としている。どこにでもあるチェーン店が並ぶ地方の幹線道路沿いの画一的、均質的な景観を、どこでも同一の店構えで、均質な味のファストフードになぞらえて創られたのが「ファスト風土」という呼称である。

　そして三浦展は、「それは、地方が地方としての土地の固有の記憶を失っているということだ。ファスト風土とはまさに記憶喪失の土地である」（三浦，2004，P.181）と述べる。景観の破壊、全国均一の景観の侵入は、人々のアイデンティティや郷土意識を揺るがしかねないということであろう。

　このように景観は、地域アイデンティティの重要な核の1つであるといえる。そこで次節では、南予地方の地勢および特徴ある自然景観、人文景観について叙述する。第3節で絵はがきを手がかりに南予の人々のよりどころとなっている風景を探ってみたい。第4節では、南予で行われている景観保全の試みについて述べることにする。

2．南予の地勢と景観

（1）南予の地形と自然

　四国には日本最大の活断層である中央構造線が通っている。中央構造線は、徳島県を西から東に流れる吉野川北岸を走り、愛媛県に入ってからは松山自動車道の直下を通って、四国中央市、新居浜市、西条市、東温市から砥部町を抜け、伊予市で海に潜って海底活断層となる。海底活断層は愛媛県の沖合を走り、伊方原子力発電所のある佐田岬半島の北の沖合を通って豊予海峡を

別府湾に向かっていく。佐田岬半島は、四国の最西端をなす半島で、東西40キロメートルほど、細長くのびる。日本で最も細長い半島ともいわれる。

　地理学では、この中央構造線の北側を内帯、南側を外帯と呼んでいる。内帯には松山平野や道前平野などが形成されている。一方、外帯には四国山地が形成されており、全体的に山がちの地形になる。南予地方は全域が外帯に属しており、そのため変化に富んだ地形となっていて、様々な自然景観がみられる地となっている。また、平地に乏しい中で大洲盆地、宇和盆地、野村盆地、鬼北盆地などが存在し、人間の活動の主たる舞台となっている。

　佐田岬半島以南の宇和海沿岸はリアス式海岸になっており、入り組んだ複雑な海岸線を形成している。現在では、この地形を活かして養殖水産業が盛んである。また 1972 年には、宇和島市の日振島、戸島以南の半島や島嶼部および宇和海の海中公園が、足摺宇和海国立公園に指定された。この国立公園には、法華津峠・鬼ヶ城山・篠山も含まれている。法華津峠は、西予市と宇和島市の境をなしており、宇和海まで見渡せる眺望のよい場所である。鬼ヶ城山は、松野町側に滑床渓谷を有している。高知県との県境にある篠山は山岳信仰の対象であり、山頂には篠山神社と予土県境を示す道標が置かれている。

　また、西予市の鳥坂峠から大洲市の長浜にかけて、愛媛県内最大の河川である肱川が流れている。肱川の長さは約 103 キロメートルで、流域面積は 1210㎢ である。肱川の流路は大きく屈曲している。川は源を発すると宇和盆地を南に向かって流れる。そこから旧野村町に向けて東に流れを変える。旧野村町を抜けると、今度は北流して大洲盆地を貫流し、旧長浜町の河口に至る。河口付近では、秋から冬にかけて「肱川あらし」と呼ばれる現象が観察される。上流の大洲盆地から霧をともなった強風が河口を吹き抜けることをいう。

　さらに特徴的な地形として、西予市の東南部の高原地帯である大野ヶ原には、カルスト地形がみられる。大野ヶ原を含む四国カルストは、日本 3 大カルストの 1 つに数えられている。石灰岩が溶食して形成されるドリーネやウバーレが存在する。

　カルスト地形を含め、西予市は日本ジオパーク委員会が認定する「日本ジ

第 6 章 景観と地域アイデンティティ　　121

オパーク」の１つとなっている。「大地の公園」を意味するジオパークは、「地域の地史や地質現象がよくわかる地質遺産を多数含むだけでなく、考古学的・生態学的もしくは文化的な価値のあるサイトも含む、明瞭に境界を定められた地域」と定義されている。現在、43 地域が日本ジオパークに認定されており、そのうち８地域がユネスコの世界ジオパークにも認定されている。西予市ジオパークでは、城川地区を流れる黒瀬川流域や須崎海岸にシルル紀（約４億 2500 万年前）という古い時代の珍しい地層が存在する。

（２）南予の人文景

　南予一帯には、自然景観ばかりではなく、独特の人文景も存在している。その最も一般に知られているものは、内子町の歴史的な街並みの景観であろう。幕末から明治にかけて木蝋の生産によって内子は栄えた。町内中心部の八日市・護国地区にはその当時の街並みが、関係者の努力によって今も残っている。1982 年には、国の重要伝統的建造物群保存地区に指定された。本芳賀邸・上芳賀邸・大村邸は国の重要文化財にも指定されている。今日では、南予ばかりではなく、愛媛県を代表する観光地の１つとなっている。

　西予市の旧宇和町卯之町の中ノ町地区も重要伝統的建造物群保存地区に指定されている。指定されたのは 2009 年のことである。この地は、宇和島藩の在郷町であった。白壁、うだつ、出格子の商家が点在している。この保存地区の中には、明治時代の学校建築で国の重要文化財にも指定されている旧開明学校がある。

　加藤氏の城下町であった大洲市にも、古い街並みが残り、内子と並んで早くから観光地となっていた。大洲盆地を流れる肱川の南側（肱南地区）が、かつての城下町だった地域である。大洲城の櫓と臥龍山荘は、国の重要文化財である。

　合併によって大洲市の一部となった長浜町は肱川河口のまちで、木材の積出港として栄えた。この地で回漕業を営んでいた末永家の住宅と長浜町役場庁舎は、国の有形登録文化財に指定されている。また肱川に架かる赤く塗られた長浜大橋は、バスキュール式鉄鋼開閉橋で現在も可働しており、国の重要文化財に指定されている。長浜からフェリーで渡る青島は、近年、ネコの

島として著名になっている。

八幡浜市は、2005年に旧八幡浜市と保内町が合併してできた市である。四国の西の玄関口であり、港湾を中心に発達した街である。建築家の松村正恒が、戦後、八幡浜市役所に勤務したため、松村設計の建築物が今も市内各所に存在している。最も有名なものは国の重要文化財に指定された日土小学校校舎である。この校舎は、四国を代表するモダニズム建築の1つである。その他にも旧八幡浜市立図書館、川之内小学校、長谷小学校、三瀬病院、宝道医院（旧矢野医院）等の松村建築が市内に点在している。さらに松村の設計以外でも、梅美人酒造の建造物は国の有形登録文化財になっている。

また、明治時代に愛媛県の先進地帯であった保内町の川之石地区にも、古い建築物が残っている。なかでも内之浦公民館と愛媛蚕種の建物は国の有形登録文化財に指定されている。その他にも旧白石和太郎邸、赤レンガ倉庫などが今も存在する。

南予の中心都市である宇和島市には現存12天守閣の1つである宇和島城がある。しかし、市街地の大半は第2次世界大戦時の空襲で焼失してしまっている。古い町並みは旧津島町の岩松地区に残っている。ここは、岩松川の河口付近の左岸に細長く発達した街で、物資の集散地として栄えた。小西家住宅、西村酒造場、西崎本店等の建築物が今も残っている。ここでは岩松町並み保存会が結成され、重要伝統的建造物群保存地区に選定されることを目指して活動を継続している。

吉田藩の陣屋があった旧吉田町には、藩政期に町人地であった魚棚、本町、裡町にかつての町並みの名残りがある。上甲家住宅と旭醤油醸造所は、国の有形登録文化財に指定されている。

松野町は藩政時代に宇和島藩と土佐藩の境の町として繁栄した。今も松丸街道沿いにその街並みの一端が残っている。製蝋と雑貨商の岡田家や造り酒屋の建物などがある。また、2017年に日本城郭協会が選定した続日本百名城に、松野町内にある中世の城跡である河後森城跡が選出されている。

このように南予地域は、愛媛県の中でも変化に富んだ地勢と様々な伝統的な景観や建築物をもつ地域である。

第6章 景観と地域アイデンティティ　123

3．絵はがきにみる景観と地域アイデンティティ

（1）絵はがきと地域アイデンティティ

　社会学者の佐藤健二は、近代に入って以降の旅行の一般化と複製技術の普及との関連にふれて、「名所がなぜ名所として知られるようになったのかに関して、旅の経験者たちの増加にもまして、案内記や膝栗毛のような出版による情報供給は重要であった。同じように、視覚的なステロタイプをつくるうえで『絵はがき』が果たした役割はたいへん大きかったといえよう」（佐藤，1994，P.197-198）と、当時の絵はがきを位置づけている。

　メールやインスタグラムの時代となった現代においても、有名観光地に行くといまだに絵はがきは健在である。日本の観光地でよく見かけるのは、10枚程度が1組となってケースに入って売られているものである。ヨーロッパの諸都市では、円形のスタンドに各種の絵はがきが差し掛けられていて、好きな絵柄のものを好きな枚数だけ購入できるバラ売りが主流のようである。

　この絵はがき、業者が作成するものに加えて、神社仏閣や有名建築物の管理者が独自に発行するものもある。近年では、各自治体が観光客誘致にこぞって力を入れ始めたため、市町村や観光協会等作成の絵はがきも増えているように感じる。土産物店で絵はがきが販売されていない場合でも、観光案内所で観光協会作成の絵はがきを販売していることがよくあるようになった。これらの絵はがきは、地域の名所の広報宣伝という役割を期待されているのであろう。また別の側面からみると、その土地の住民が地域の象徴だと考えている事物・事象が絵柄に選ばれているわけで、地域アイデンティティの発露と捉えることもできる。そこで、南予地方で発行されている絵はがきを素材に、この地域のアイデンティティの拠り所を読み解いていきたい。

　南予の各地域で発行されている絵はがきをみる前に、高松の業者が作成している「四国路の旅」という26枚組の絵はがきセットをみてみたい。こちらは香川県という外部の眼からみて、愛媛県を象徴すると感じられる事象が採られているといってもよいだろう。愛媛県には6枚が割り当てられている。道後温泉本館と松山城という愛媛観光の定番中の定番が1枚ずつ、そして来島海峡大橋（しまなみ海道）が1枚である。残りの3枚が南予地方で、佐田岬（灯

台）・宇和島の闘牛・宇和海の海中公園となっている。南予には、他県からみ
ても景観美と独特の文化があるとみなされていることの証左といえよう。

（2）内子町

　道後温泉、しまなみ海道とならぶ愛媛県有数の観光地が内子町である。内
子町には、JR内子駅に隣接して観光案内所が設けられている。ここで、内
子町観光協会作成の「愛媛・内子町 風景」と題された8枚組の絵はがきセッ
トが販売されている。内子町は、旧内子町・旧五十崎町・旧小田町が合併し
てできた町である。旧五十崎町からは泉谷の棚田・パラグライダー・大榎が、
旧小田町からは小田深山新緑・乳出の大イチョウ（三島神社）・尾首の里が、
旧内子町からは弓削神社の太鼓橋・東のシダレザクラが採られている。泉谷
の棚田は日本の棚田百選に選ばれている。神南山は自然条件がパラグライ
ダーの飛行に向いていてパラグライダー場が設置されている。大榎は小田川
の豊秋河原にある町指定天然記念物である。小田深山は旧小田町の東部の山
地で国有林に覆われ、渓谷も形づくられている。大イチョウは県指定天然記
念物である。また尾首の里では、雪景色の小田の俯瞰があしらわれている。
弓削神社は内子町中心部から北へ約15km、伊予市との境に近い場所にある
神社である。その参道の橋は、珍しい屋根付きの橋で麓川に架かっている。
シダレザクラは石畳地区にある県指定天然記念物である。

　以上のように、「愛媛・内子町 風景」は自然景観が主となり、内子町の伝
建地区は含まれていない。これとは別に合併前の旧内子町観光協会が作成し
た「木蝋と白壁の町うちこ」という6枚組絵はがきセットもある。こちらは、
上芳我邸・内子座・本芳我家と町並み・枡形付近の町並み・屋根付きの田丸橋・
石畳清流園の水車という構成で、地元在住の画家で、長く高校教諭を務めた
中岡満義の水彩画を用いている。6枚中4枚が伝建地区周辺の風景で、旧内
子町の人々のアイデンティティの在処が伝わってくる。

　その中の内子座とは1916年に建てられた芝居小屋である。木造2階建て
瓦葺き入母屋作りで、回り舞台、花道、枡席などを備えていた。老朽化のた
め取り壊されそうとしたところ、保存復元することに決まり、1985年に劇
場として再び開館した。現在でも、各種の催しが行われている。石畳清流園は、

第6章 景観と地域アイデンティティ　　125

復元された水車が置かれている公園である。石畳地区は、八日市・護国地区の町並み保存に続いて、地元有志が「村並み保存」に取り組んだ地域である。

（3）西予市

　内子町と同じく重要伝統的建造物群保存地区を市内に抱えているのが西予市である。西予市は、宇和町を中心に野村町・城川町・明浜町・三瓶町の5町が合併して成立した市で、海から高原まで広い市域をもっている。その中で、宇和町の中心部である卯之町に伝建地区が存在している。

　3節でふれた旧開明学校が国の重要文化財に指定されたのは、1997年のことである。それを記念して宇和町文化の里振興課から、「開明学校 国重要文化財指定記念」と付された「宇和の町並み」という8枚組の絵はがきセットが出されている。今でも、先哲博物館で購入できる。写真ではなく、早稲田大学で美術を教えていた藪野健画伯の水彩スケッチである。卯之町風景、申義堂、開明学校、開明学校と申義堂、旧宇和町小学校第一校舎と講堂、卯之町三丁目界隈、中町の町並み、旧末光小児科医院の8枚組である。

　申義堂は私塾だった建物で、開明学校の前身である。旧開明学校校舎は、木造2階建、桟瓦葺きで、窓枠をアーチ状につくるなど、わずかに洋風の意匠を取り入れた擬洋風建築である。旧宇和町小学校第一校舎は1928年に建築された建物で、現在は宇和町米博物館になっている。宇和盆地は食味上評価が高い宇和米の産地である。また、ここでは稲藁を円錐形に積み上げて保存していた。「わらぐろ」と呼ばれる独特の形態で、観光パンフレットにも使われるような特徴的な景観を生み出す。開明学校・申義堂・宇和町米博物館の3つの建築物は隣接して存在している。卯之町風景、卯之町三丁目界隈、中町の町並み、旧末光小児科医院は、伝統的建造物群保存地区に指定されて区域の街並みを描いている。

（4）大洲市

　大洲市は、肱川流域の旧大洲市、長浜町、肱川町、河辺村が、2005年に合併したできた市である。その合併を記念して12枚組の絵はがきが作成され、今も販売されている。写真は「写真愛好家提供」とある。12枚の内容は、

126

春の大洲盆地、雲海（大洲の朝）、夏の大洲城、冬の大洲城、冬の臥龍山荘、川祭りの夜、うかい、冨士山（つつじ咲く頃）、肱川あらし（長浜）、秋の白滝（長浜）、鹿野川湖（肱川）、御幸橋（河辺）となっている。

　大洲の鵜飼は、昭和の大合併で大洲市が成立した後、大洲の観光振興のために、肱川で開始されたものである。今ではすっかり定着しており、大洲観光の象徴になっている。川祭りも同様に肱川にて、毎年8月に行われる催しで、花火の打ち上げが呼び物になっている。臥龍山荘は肱川の河畔に建つ木造建築物である。明治時代に木蝋貿易に成功した河内寅次郎が築造させた別荘だったものである。冨士山は大洲盆地の中にある小高い山で、ツツジの名所として知られている。旧河辺村には「浪漫八橋」と称される屋根付きの橋が8つあり、その中で最も古い御幸橋が採られている。御幸橋は、県指定有形民俗文化財に指定されている。旧肱川町の鹿野川湖は、鹿野川ダム建設によってできた人造湖である。湖畔には桜が植樹されており、絵はがきには、その桜の花が咲いている風景が使われている。

　旧長浜町からは肱川あらしという自然現象と「日本の紅葉百選」に選出されている白滝公園が採られている。合併前の旧長浜町は、一時期、観光振興に力を入れていた。JR伊予長浜駅前には観光案内所が設置されていた時期があった。現在では無人と化し、パンフレット類が置かれているだけになってしまっているが。その一環であろうか、長浜町・長浜町観光協会から「観光・長浜」と銘打った8枚組の絵はがきが発行されている。8枚の中身は、長浜町全景・長浜の夜景・開閉橋（昼）・肱川あらし・白滝公園の紅葉・白滝公園の雌滝・るり姫まつり・金山出石寺である。開閉橋（および肱川あらし）と白滝公園は複数枚あり、長浜の象徴であることがわかる。るり姫まつりは、11月に行われる祭で、絵はがきには「るり姫」に扮した女児たちがあしらわれている。金山出石寺は出石山の山上にある寺院で、重要文化財の朝鮮鐘を有している。

（5）宇和島市

　宇和島市は2005年に、旧宇和島市、津島町、吉田町、三間町が合併して成立した。その宇和島市では、宇和島市観光協会作成の絵はがきセットが販

売されている。闘牛、南楽園、宇和島城、天赦園、遍路、牛鬼まつり、遊子
水荷浦の段々畑、宇和津彦神社秋祭り、大乗寺、養殖風景の10枚組である。

　このうち、天赦園は宇和島藩第7代藩主伊達宗紀が建造した池泉廻遊式庭
園で、旧宇和島市内にある。南楽園は旧津島町にある広大な日本庭園である。
南予地方の振興を目的として愛媛県が手がけた「南予レクリエーション都市」
の一環として1985年に開園している。大乗寺は旧吉田町にある寺院である。
宇和島藩からは分知によって吉田藩が立てられており、その吉田藩主伊達家
の累代の墓所が大乗寺にある。旧三間町からは四国霊場41番札所龍光寺と
42番札所仏木寺が採られている。この他に景観としては、宇和海の水産養
殖の風景が使われている。

　宇和島市の特徴は、景観の他に民俗行事である闘牛・牛鬼まつり・宇和津
彦神社秋祭りが絵はがきの題材に選ばれているところである。牛鬼まつりは
毎年7月22日から24日にかけて行われる和霊神社の祭りである。牛鬼とは、
鬼の顔に牛の胴体をもつ巨大な山車で、これが市中をねり歩く。宇和津彦神
社の祭りは毎年10月29日に行われる。鹿の面をつけた子供による八つ鹿
踊りが独特である。景観とともに独自の無形文化も地域のアイデンティティ
の拠り所となっている。

（6）愛南町

　愛南町は、瀬戸の夕景、三ツ畑田島、海域公園、須ノ川海岸、由良半島・
塩子島、宇和海展望タワー、紫電改、外泊「石垣の里」、高茂岬、篠山アケ
ボノツツジの10枚組の絵はがきセットが作成され、町内の道の駅に併設さ
れた観光案内所で販売されている。

　瀬戸の夕景・三ツ畑田島・宇和海海域公園・高茂岬・須ノ川海岸、由良半
島・塩子島と、海の景観が6つ採られている。三ツ畑田島は宇和海に3つの
小島が並んで浮かぶ特徴的な風景、海域公園は海中のサンゴ、高茂岬は岬か
ら海を臨む景色、須ノ川海岸は海岸と海を俯瞰した景色が、そして由良半島
は海の向こうに横たわる半島が絵はがきとなっている。この地では、海がア
イデンティティの核をなしていることが伝わってくる。

　その他に自然景としては篠山が、人文景としては外泊の石垣の集落が採ら

128

れている。かわっているのは、旧御荘町が建設した宇和海展望タワーと紫電改記念館に展示されている第2次世界大戦中の戦闘機・紫電改が絵はがきの図柄に採用されている点である。ともに馬瀬山頂公園内にあり、宇和海展望タワーは地上107メートルの塔である。紫電改は第2次世界大戦末期に実戦配備された日本海軍の戦闘機である。1979年に愛南町近くの海底から引き揚げられたものが、ここで展示されている。これらは愛南町の観光名所になっているので、絵はがきになったのであろう。

　また、これとは別に外泊では、集落内の休憩所で「海野光弘の世界 絵葉書外泊シリーズ」という版画による絵はがきセットが販売されている。海野光弘は静岡県島田市にその名を冠した美術館がある名のとおった版画家である。彼の手になる版画のシリーズが絵はがきになっている。

（7）鬼北町と松野町

　鬼北町では絵はがきの代わりに、鬼北町役場庁舎をあしらったクリアファイルが、道の駅で販売されている。この庁舎は、旧広見町役場としてアントニン＝レーモンドの事務所によって設計されたものである。八幡浜市の日土小学校校舎と並んで愛媛県内に現存する代表的なモダニズム建築である。2012年には、国の登録有形文化財に指定されている。

　松野町では町役場で、滑床渓谷、キャニオニング、奥内の棚田、森の国ホテル、松野町の桃の5種と「雷漬」再生プロジェクト3種の絵はがきが無料配布されていた。

　滑床渓谷は、滝や独特の岩が多数ある南予の代表的な景勝地である。このような渓谷とそこを流れる河川を利用して行われるスポーツがキャニオニングである。奥内の棚田は、農林水産省が選定した「日本の棚田百選」に選ばれている（1）。森の国ホテルは、町がまちおこしの一環として1991年に開業した宿泊施設である。また、桃は松野町の特産品である。「雷漬」はカブの漬物で、食べると大きな音を発生させるところから付けられた名前である。無料で配布されているところからも伺えるように、まちの観光や特産品の宣伝という側面も強いようにみえる。

（8）八幡浜市

　最後に八幡浜市である。港湾とともに発展してきた八幡浜市では、「BAY-CITY YAWATAHAMA 港・散・歩」と題された8枚組絵はがきセットが、市の商工観光課にて 100 円で販売されている。内容は「九州に行き交うフェリーボート」「漁場を目指すトロール船」「小型漁船で賑わう港」「ときめくレジャーボート」「港を望むレトロ調の外灯」「輝く海、内港」「漁船マストの林立」「フェリー桟橋」の8枚である。表題のとおり、八幡浜港とその周辺の景色が絵はがきになっていて、ここに市民のアイデンティティの核があることはわかる。しかしその絵柄は、曇り空が背景であったり、船舶が一隻だけ浮かんでいる姿であったり、誰もいない桟橋であったりと、全体に哀調を帯びている。市が作成したものとしてはあまりにも趣味的で、不可思議な味わいのものに仕上がっている。

　その他に、2017 年に佐田岬灯台が点灯 100 年を迎えており、それを記念して松山海上保安部から2枚組の絵はがきが発行されている。1枚は空から見た佐田岬灯台で、もう1枚は佐田岬黄金瀬照射灯である。黄金瀬は佐田岬の沖合にある岩礁で、海の難所である。こちらは「写真提供：伊方町」となっている。

　各地域とも、絵はがきの中に人々のアイデンティティの在処がみられ、その中でも景観の占める比重の大きさがわかるのである。

4．景観保全の試み

（1）遊子水荷浦の段畑保存

　南予各所にある美しい風景は、自然にそこに存在しているのではない。そこには景観を継承していこうという住民の活動や努力がみられる。次に地域住民によって景観が守られてきた事例をふりかえってみたい。

　愛媛県での景観の保全活動というと、すでに紹介した内子町の歴史的街並みの保存活動が全国的にも知られている。これは、早くも 1970 年代から取り組まれており、それを分析した書籍も刊行されている。ここでは、南予地

遊子水荷浦の段畑：筆者撮影

方の内子以外の保存活動を取り上げることにする。

　まず、宇和島市の遊子水荷浦の段畑の保存活動について述べてみたい。この段畑は、宇和海に細長く突き出た三浦半島の北岸にある。「耕して天に至る」と表現されるこの景観は、現在では宇和島市を代表する風景となっている。石垣でつくられた幅1メートルほどの段々畑が、山頂から斜面に展開している。傾斜角度は45度だという。農林水産省の「美しい日本のむら景観百選」などに選ばれており、2007年7月には全国で3例目の国の「重要文化的景観」に選定された(2)。

　この段畑が今日みられるような石積みになったのは、明治の終わりごろだという。土岸から石積みにすることによって作付面積が30％増加し、それにしたがって収穫量も上がった。そこには、サツマイモなどが植えられた。ジャガイモの栽培は、1950年代に始まり、高収益をもたらす時期もあった。しかし、1970年代以降、リアス式の海岸を利用した養殖水産業が発展していく中で、労力のかかる段畑は次第に耕されなくなる。耕作放棄地となった段畑は、もとの山野に戻り始めた。

　そのままいくと、段畑の景観が失われてしまうところであった。こうした中、2000年に地元有志のメンバーが中心となって、「段畑を守ろう会」が

第6章 景観と地域アイデンティティ　131

結成された。この会は、当初60人程度で始まった。現在は少し減少して45人の会員だという。2007年にNPOの認証を受けている。段畑の復旧に取り組み、現在では4ヘクタールほどになっている。段畑のオーナー制度を創設し、オーナーにはジャガイモを収穫して持ち帰ってもらうという仕組みをとっている。また収穫祭を開催し、段畑で穫れたジャガイモを用いる焼酎の開発を行った。さらにNPOとして、ここに開設された交流施設の指定管理者として経営を行っている。利益を生み出さないと保全活動は継続していかないとの考えのもとに、ジャガイモのアイスなどの新商品の開発にあたっている。

(2) 外泊集落の「石垣の里」の保存

　もう1つは、愛南町の外泊集落である。通称「石垣の里」である。外泊は、船越半島の北岸に位置していて、宇和海に面している。斜面に石垣で囲まれた民家が、中腹まで連なる独特の景観が存在している。この集落は、「未来に残したい漁業漁村の歴史文化財産百選」や財団法人古都保存財団の「美しい日本の歴史的風土100選」に選ばれている。

　外泊集落は、幕末明治期に同じ半島内にある中泊集落の人口が増加したた

外泊集落：筆者撮影

め、次男以下が新たに集落を形成したのが始まりだとされる。この地は、冬場に強い海からの北風（しまき）が吹きすさぶ。それに対応するために石垣が築かれ、今日に続く独自の景観が形成された。

　かつては今よりも高い石垣が築かれていて、石垣と平屋の軒がほぼ同じ高さであったという。これでは外が見えないので、石垣のうち、海側の一角を切って外を見通せる窓をつくった。この窓は「海賊窓」と称されている。石垣に囲まれているため、部屋の中は暗い。しかし、生活様式の変化や建築素材の進化ともに、石垣が低くなり、2階建ての家が増えるようになった。また、以前は集落の上方に段畑が広がっており、段畑を猪などから守るために「しし垣」がつくられていた。その時分はイワシ漁が盛んであり、男は漁、女は段畑という分業がなされていた。

　その後、イワシは不漁となり、漁業は衰退するも、1970年に宇和海海中公園指定がなされ、観光客が増えた。その他に釣り客もあり、民宿を経営する事例が増加した。沖合の鹿島の観光開発も、この当時行われた。女性は段畑をやめ、真珠養殖の作業に従事して現金収入を得る事例が増えるようになる。このように、外泊の人々は生業を代えながらも、この地で生活し景観を維持してきた。

　近年、海中公園のサンゴが減少傾向にあり、観光客は減っているという。集落入口のバス停周辺のブロック塀を撤去するなどして、修景を進めるということはあった。しかし、現在では行政として保全の動きはないという。今でも集落の住居が和風建築であるのは、住民が自主的にそうしているのだそうである。集落を出ていく人は、自主的に廃屋を撤去して出ていっている。若年層の中には、利便性の高い御荘地区に移住し、西海の養殖業に通勤するというような例も現れているという。

　このように南予では、条件が不利な地域に居住しながらも、その地域の景観を保全していこうという動きが各所でみられるのである。逆にいえば、そのような人々の努力があって、我々が眺める風景がそこに存在し続けてくれているといえるのである。

5．おわりに：地域社会と景観

　社会学者の鳥越皓之は、「生活が景観をつくる」ということを主張し、自らの立場を生活環境主義と名づけている。鳥越は、環境への対応の仕方として、生活環境主義とは異なる２つの立場を指摘している。すなわち自然環境主義モデルと近代技術主義モデルである。自然環境主義モデルとは、1980年代に環境社会学の分野で生まれたもので「できるだけ手つかずの自然であることが望ましいとみなすもので、それは当時の自然保護運動を支える論理でもあった」（鳥越・家中・藤村，2009，P.52）と、鳥越はいう。また近代技術主義モデルとは、「近代技術の発展が環境破壊を修復すると判断するもので、これは行政の人たちがとりわけ信頼をおいていた論理であった」（鳥越・家中・藤村，2009，P.53）とされる。

　これらに対し生活環境主義とは、「『そこでの生活』を生かしながら、環境問題を解決するという手法である」と述べる。また鳥越は、「じつは山でも川でも池でもまた道路でも、伝統的には地元の人びとは手入れをしてきた。その作業は、川掃除、道普請、池浚い、山仕事といったものである。このような手入れによって、風景は保たれてきた」（中村・鳥越・早稲田大学公共政策研究所編，1982，P.78）ともいう。このように鳥越は、景観保全に果たす地域社会とそこに住む人々の協働の果たす役割を重視する。

　第４節でその一端を示したように、南予地方でも居住する人々の活動が景観の維持に重要な貢献をなしてきた。だからこそ、アイデンティティの核ともなりうるのであろう。しかし、現在の南予地方では、人口減少と高齢化が容赦なく進んでいる。今日みられる景観が将来にわたって維持されていくような方策が、今後は模索されねばならないだろう。

注

（１）　愛媛県からは他に旧五十崎町（現在は内子町の一部）の泉谷と旧城川町（現在は西予市の一部）の堂の坂の棚田が百選に選ばれている。

（２）　近江八幡の水郷と一関本寺の農村景観が、遊子水荷浦の段畑以前に選定されている。2018年２月現在、選定された景観は61まで増えており、愛媛県では松野町の奥内の棚田及び農山村景観も選定されている。

参考文献

稲本隆壽・鈴木茂編，2015，『内子町のまちづくり』晃洋書房

アレックス＝カー，2002，『犬と鬼』講談社

佐藤健二，1994，『風景の生産・風景の解放』講談社

新愛媛風土記刊行会，1982，『愛媛県の歴史と風土』創土社

鳥越皓之・家中茂・藤村美穂，2009，『景観形成と地域コミュニティ』農山漁村文化協会

中村良夫・鳥越皓之・早稲田大学公共政策研究所編，1982，『風景とローカル・ガバナンス』早稲田大学出版部

西部均，2006，「日本における景観論／風景論」 加藤政洋・大城直樹編『都市空間の地理学』ミネルヴァ書房

西田正憲，1999，『瀬戸内海の発見』中央公論社

西田正憲，2004，「自然観光における観光のまなざしの生成と発展」 遠藤英樹・堀野正人編『「観光のまなざし」の展開』春風社

オギュスタン＝ベルク，1990，『日本の風景・西欧の風景』講談社

松原隆一郎，2002，『失われた景観』ＰＨＰ研究所

松原隆一郎・荒山正彦・佐藤健二・若林幹夫・安彦一恵，2004，『＜景観＞を再考する』青弓社

三浦展，2004，『ファスト風土化する日本』洋泉社

第7章

愛媛県のごみ排出の現状と情報源としての「分別辞典」
― 環境社会学の視点から ―

小松　洋

1．はじめに：ごみにも関心を

　県庁所在地である松山市に住んでいると、瀬戸内側にあり気候は比較的穏やかで、海の幸もおいしく、道後温泉や松山城という歴史的な観光資源も楽しめ、何よりも、職住近接であることがありがたい。首都圏や近畿圏のように、他都府県をまたがった通勤通学のために、2時間もかけなくてよい。せいぜい、30分〜40分の圏内で生活ができる。しかし、愛媛県は東西と南西部に広がり、東予・中予・南予の地域があり、松山とはまた異なる文化圏や産業圏が形成されている。これら、文化や産業のついては他章に譲り、この章では、私たちの生活からどうしても排出されてしまう「ごみ」について、分別ルールの意義から情報源としての「ごみ分別辞典」の活用まで考えてみたい。普段余り意識せずに出している（捨てている）ごみに、法律面・制度面から焦点を当てる。法律で自分がしなければならないことが、このように決められていたのかと、新たな発見と驚きがあるかもしれない。あるいはまた、市町によってごみの分別の仕方に違いがあったり、単位当たりのごみの量に違いがあったりすることを知らずに過ごしてきたこともあるだろう。ごみ問題や環境問題について知らなくても生活することは可能である。しかし、知っておけば、自分が行っている、ビンと缶の分別がどのような意味を社会的に持っているのか、また、一人一人の減量努力が社会全体としてどのような結果を生むのか、理解できるようになるだろう。

　本章は他の章とやや内容の毛色が異なるが、これを機に、ごみ問題や環境問題に関心を持ってもらえれば幸いである。

２．ごみとは何でどうやって処理されているか

（1）ごみ（廃棄物）の種類と定義

まずは、基礎知識として、ごみとは何かを押さえておこう。ごみは法律では「廃棄物」として次のように定義されている。

廃棄物の処理及び清掃に関する法律（廃棄物処理法）

第二条　この法律において「廃棄物」とは、ごみ、粗大ごみ、燃え殻、汚泥、ふん尿、廃油、廃酸、廃アルカリ、動物の死体その他の汚物又は不要物であつて、固形状又は液状のもの（放射性物質及びこれによつて汚染された物を除く。）をいう。

この定義をみると、廃棄物は人々の日常生活から出るものだけではないことが分かるだろう。そして、廃棄物は「産業廃棄物」と「一般廃棄物」に分けられている。同じく、廃棄物処理法の第二条4で、「一　事業活動に伴つて生じた廃棄物のうち、燃え殻、汚泥、廃油、廃酸、廃アルカリ、廃プラスチック類その他政令で定める廃棄物」および「二　輸入された廃棄物」が産業廃棄物と規定されている。主として生産現場で発生するごみと考えてよいだろう。

では、一般廃棄物の定義をみてみよう。廃棄物処理法第二条2では、「この法律において『一般廃棄物』とは、産業廃棄物以外の廃棄物をいう」とされている。産業廃棄物のように、燃え殻や廃油などと具体的に示されていないのでわかりにくいが、日常的に出される生ごみや新聞雑誌といった古紙、粗大ごみなどを想定しておけばよいだろう。ただし、これらのごみは一般家庭からだけではなく、会社・NPO・市役所などの事務部門からも排出される。一般廃棄物は、誰が出しているかによって「家庭系の一般廃棄物」と「事業系の一般廃棄物」に分かれることを頭にいれておこう。

以下、この章では、一般廃棄物の排出状況について愛媛県および県下の市町における状況や特徴を検討していく。

次に、ごみの処理を誰がするのかについて見てみよう。

廃棄物処理法

第六条　市町村は、当該市町村の区域内の一般廃棄物の処理に関する計画（以下「一般廃棄物処理計画」という。）を定めな

ければならない。

第六条の２　市町村は、一般廃棄物処理計画に従つて、その区域
内における一般廃棄物を生活環境の保全上支障が生じない
うちに収集し、これを運搬し、及び処分しなければならない。

　この条文から、一般廃棄物の処理責任はそれぞれの市町村にあることがわかる。これにより、例えば、粗大ごみを松山市は市が収集するけれど、宇和島市では市の収集はなく、市民が直接業者に依頼するなど、分別や収集のルールが市や町で異なってくるのである。

　では、私たち市民は何をすればよいのだろうか。これも、廃棄物処理法で決められている。

廃棄物処理法

第二条の四　国民は、廃棄物の排出を抑制し、再生品の使用等により廃棄物の再生利用を図り、廃棄物を分別して排出し、その生じた廃棄物をなるべく自ら処分すること等により、廃棄物の減量その他その適正な処理に関し国及び地方公共団体の施策に協力しなければならない。

　このような条文があることを知っていただろうか。「地方公共団体」が今住んでいる市や町のことなので、少なくとも、そこの分別ルールを守るようにしよう。

（２）ごみ処理の優先順位

　廃棄物処理法の他に、もう一つ大事な法律をみてみよう。それは、2000年に成立した「循環型社会形成推進基本法」である。この法律で、日本で初めて廃棄物の処理の優先原則が規定された。いささか、長くなるが、大事なところなので関係箇所の全文をみてみよう。

循環型社会形成推進基本法　（波下線部は小松による。）

第五条　原材料、製品等については、これが循環資源となった場合におけるその循環的な利用又は処分に伴う環境への負荷ができる限り低減される必要があることにかんがみ、原材料にあっては効率的に利用されること、製品にあってはなる

べく長期間使用されること等により、廃棄物等となることができるだけ抑制されなければならない。

第六条　循環資源については、その処分の量を減らすことにより環境への負荷を低減する必要があることにかんがみ、できる限り循環的な利用が行われなければならない。

2　循環資源の循環的な利用及び処分に当たっては、環境の保全上の支障が生じないように適正に行われなければならない。

第七条　循環資源の循環的な利用及び処分に当たっては、技術的及び経済的に可能な範囲で、かつ、次に定めるところによることが環境への負荷の低減にとって必要であることが最大限に考慮されることによって、これらが行われなければならない。この場合において、次に定めるところによらないことが環境への負荷の低減にとって有効であると認められるときはこれによらないことが考慮されなければならない。

一　循環資源の全部又は一部のうち、再使用をすることができるものについては、再使用がされなければならない。

二　循環資源の全部又は一部のうち、前号の規定による再使用がされないものであって再生利用をすることができるものについては、再生利用がされなければならない。

三　循環資源の全部又は一部のうち、第一号の規定による再使用及び前号の規定による再生利用がされないものであって熱回収をすることができるものについては、熱回収がされなければならない。

四　循環資源の全部又は一部のうち、前三号の規定による循環的な利用が行われないものについては、処分されなければならない。

　処理の優先順位が最も高いのは第5条で謳われている「発生抑制」である。つまり、ごみになるものをなるべく発生させないよう、製造時の無駄をなくし、製品となったものはできるだけ長く使ったり、修理して使ったりして、

140

ごみとして排出されることそのものを減らし・製品寿命を長引かせようということである。優先順位２番目は、第７条一の「再使用」である。これは、モノ（この法律では「循環資源」）の形を変えずに、当初の目的と同じモノとしてできるだけ使おうという意味に解釈できる。例えば、家庭でビールを飲むことを考えてみよう。スーパーやコンビニエンスストアに行けば、アルミ缶入りのものがたくさん販売されているだろう。しかし、酒屋にはビン入りのビールが置いてあり、ケースでまとめ買いすることもできる。再使用できるのはビンの方である。飲み終わったビールビンは購入した酒屋を通してビールメーカーに返送される。ビールメーカーでは、戻されたビンを精密に検査し、割れやヒビがないモノは、十分な洗浄後、再びビールビンとして使用される。ビンがまたビンとして使用されるので再使用である。

　次に、再使用できないものは「再生利用」を図ろうとするのが、第７条二であり、３番目の優先順位となる。身近で典型的なものは、缶類であろう。上述のビールでも、缶ビールは市町村やスーパーなどの分別収集ののち、アルミ缶とスチール缶に分けられて、最終的には缶のメーカーに届けられる。アルミもスチール（鉄）もそれぞれ溶かされて、地金となり、再び工場で成型されて缶容器となる。同じ飲料容器となるが、ビンと異なるのは、形が一度、溶融によって変更され、再度容器として形成されるところにある。その分、製造にかかるコストが余分にかかることとなる。そのほかに、再生利用が日本で進んでいるのは古紙である。例えば、牛乳パックの容器は製紙工場に持ち込まれると、一度、印刷インクを落とすための洗浄剤と混ぜられて、溶かされ、そこから繊維を抽出して再生紙のトイレットペーパーなどとして生まれ変わる。牛乳の容器から、紙製品ではあるが、別の目的の紙として形を変える事となる。紙から紙なので、これも再生利用の内である。

　再使用や再生利用できないものは、燃やされて熱エネルギーとして文字通り「生まれ変わる」。これが、第７条三でいう、「熱回収」である。地域のごみ焼却場（清掃工場・クリーンセンターなど）に隣接した施設で温水プールや地域暖房の熱源として使われていることもある。熱エネルギーという形で変換されるので、最終的に埋め立てられるごみの量が減らされることを、この条文は期待しているのである。最後に、熱回収もできないものだけが、焼

却されたり、直接埋め立てられたりして最終処分されることとなる。

　この法律が施行されるまでは、再生利用（リサイクル）と、とにかく燃や
す焼却主義が主流（今もあまり変わらないが）であったが、国レベルで初め
て、リサイクルに先んじて、「発生抑制」や「再使用」が義務づけられた点で、
この法律登場は画期的であったといえよう。なお、優先順位三位までの「発
生抑制（Reduce）」「再使用（Reuse）」「再生利用（Recycle）」の英語表記頭
文字をとって、３R（の推進）と呼ばれることもある。

　ちなみに、この法律でも、廃棄物処理法第２条の４同様に、国民の責務が
第 12 条に規定されている。興味のある人は調べてみよう。

（３）ごみはどこでどのように処理されるのか

　廃棄物処理法第六条の二から、市や町が自地域のごみを収集すべきである
ことはわかった。住民から出されたごみは市や町が収集し、清掃センターの
ような中間処理施設で分別や焼却が行われ、焼却後に残った灰（焼却灰）が
山間部や海面上の埋立地に埋め立てられる。例えば、松山市では、南クリー
ンセンター（市坪）と西クリーンセンター（大可賀）の２カ所で焼却されて、
横谷の最終処分場に埋め立てられている（北条地区は別）。2015 年度の実
績では、ごみ総排出量 154,763 トンのうち、127,835 トンが焼却処理され、
焼却灰として横谷に埋め立てられたのは 5221 トンである（松山市 2016,
松山市 2017）。約 13 万トンが焼却されて 5,000 トン余りとなるので、重
量比では 4％まで減容されたことになる。土地の狭い日本では、このように
焼却主義が基本となっている。

３．愛媛県下ではどれくらいごみが出ているか

（１）愛媛県全体では年間 50 万トン弱で微減

　図１.は 2005 年から 2014 年までの 10 年間の愛媛県全体の一般廃棄物排
出量を示している。これをみると、2006 年度と 2007 年度に 50 万トンを超
えたが、その後は微減傾向にあることがわかる。最近では、47 万トン台で
推移している。人口も過去 10 年で微減傾向にあるので、人口一人当たりが

142

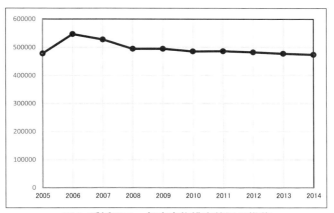
図1 愛媛県の一般廃棄物排出状況の推移

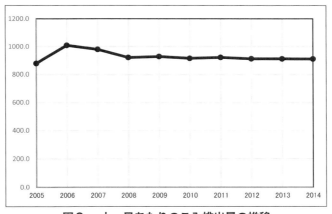
図2 一人一日あたりのごみ排出量の推移

1日に排出している量に換算してみてみよう（図2）。2006年の1009.4グラムから2014年では910.1グラムと、やはり減少傾向にあるようだ。

（2）市町ごとの排出状況は…

　表1に2014年度における愛媛県下20市町の人口とごみ排出状況を示した。丸付き数字は一人一日当たりごみ排出量が少ない順位を表している。東温市が最も少なく、600グラムをわずかに下回っている。最も多いのは西条市の1123グラムで東温市の約1.9倍となっている。産業構造などの地域

特性や調査年次によって一人当たりの数値は異なりうるが、約600グラムから約1100グラムの範囲にあるといえよう。

　県全体に占める構成比でみると、県庁所在地の松山市が人口も排出量も最も多く、それぞれ、愛媛県全体の36.2％と32.4％であり、すなわち、ごみ排出量では全県のほぼ3分の1を占めている。さらに、11ある市部では、人口で90.4％、排出量では90.8％と愛媛県全体のほぼ9割に達している。都市部に人口もごみの排出も密集しているといえよう。

　前節で、愛媛県全体の一人一日当たりごみ排出量が約1009グラムから約910グラムに、過去10年で減少傾向にあると述べた。また、上述のように市町ごとにみてみると、一人当たりの一日の排出量には約500グラム差が認められた。ここからは、本書の中心テーマである、南予地方の特色について検討してみたい。図3に、南予9市町の一人一日当たりのごみ排出量の推移を示した。これをみると、2008年度までは、伊方町と八幡浜市で、年次

市町名	人口（人）	排出量（トン）	一人当たり（g）
⑦ 松山市	517,688	153,617	813.0
⑭ 今治市	166,468	59,263	975.3
⑬ 宇和島市	81,934	28,614	956.8
⑲ 八幡浜市	36,809	14,122	1051.1
⑱ 新居浜市	123,500	49,223	1092.0
⑳ 西条市	112,999	46,340	1123.5
⑪ 大洲市	46,437	14,989	884.3
⑩ 伊予市	38,599	11,932	846.9
⑯ 四国中央市	91,199	34,479	1035.8
③ 西予市	41,284	11,096	736.4
① 東温市	34,170	7,428	595.6
⑰ 上島町	7,405	2,947	1090.3
⑤ 久万高原町	9,345	2,656	778.7
⑮ 松前町	31,158	11,179	983.0
⑨ 砥部町	21,917	6,692	836.5
② 内子町	17,867	4,568	700.5
⑧ 伊方町	10,539	3,199	831.6
④ 松野町	4,285	1,205	770.4
⑥ 鬼北町	11,220	3,190	778.9
⑫ 愛南町	23,662	7,809	904.2
全県	1,428,485	474,548	910.1

表1 愛媛県下　各市町の人口とごみ排出量（2014年度）

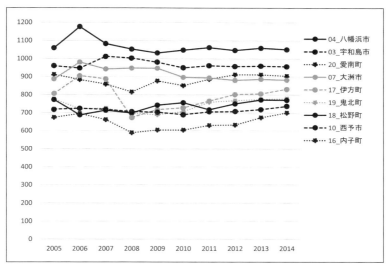

図3 南予9市町の一人一日当たりごみ排出量の推移

間の大きな変動が認められる。八幡浜市と伊方町は2005年度から2006年度にかけて約100グラム排出量が増加し、2007年度から2008年度にかけて、減少傾向にある。特に伊方町では2006年度から2年で231グラム減らしている。八幡浜市でも約120グラムの減少である。その後、2008年度から2011年度にかけては、伊方町、松野町、鬼北町、西予市が約700グラム前後から800グラム弱で推移する。その中、西予市はほぼ700グラム（690グラムから736グラム）で安定した排出量であるといえよう。2011年度以降2014年度にかけては、いずれの市町とも排出量が安定して推移している。

この期間で9市町間の差異が最も大きかったのは、2006年度の約489グラム、差異が少なかったのは、約350グラムの2014年度である。2010年度以降は、差異が縮まる傾向がみられる。

（3）市町ごとの分別ルールはどうなっているか

これまで、制度的な側面として法律によるごみ処理に関するルールと仕組みを見てきた。さらに、愛媛県内の市町でも、ごみの排出量が市町によって

異なったり、年次によって変化してきたりしたことをみてきた。現在の日本では、衣食住いずれも、完全な自給自足生活をすることはかなり難しい。どこかで必要なものを購入し、家の中に貯えたり、保存したりして、いつかは消費し、残ったモノがごみとして排出される。ごみを排出するときには、居住地の市町のごみ分別ルールに則って出していることだろう。地域によって、あるいは町内会によっては、分別ルールを守らないと、収集されずごみ集積所に放置されるところもある。夏場の生ごみなどは悪臭を放ち、生活環境を悪化させかねない。また、近所からルールを守らない家庭であると非難されてしまうかもしれない。そのため、多くの家庭は、ごみの分別ルールを概ね守っていると考えられる。

　ところで、ではなぜ、市や町は分別ルールを制定しているのだろうか。解答の一つはすでに述べた通り、市町（村）のごみはその地域内で処理するべきと廃棄物処理法で規定されているからである。解答はもう一つあり、こちらもすでにヒントは提示してある。循環型社会形成推進基本法で、再使用できないものは再生使用する、すなわち、リサイクルすることになっていると述べた。効率的に再生使用するためには、リサイクルされるものの素材が、均一になっていることが必要となる。アルミとスチールは材質が異なるので、収集後に清掃工場などで磁選機によって両者に分けられる。ビンも、松山市などは一括して集めているが、熊本県水俣市のように、透明のビン、茶色のビン、その他の色のビンといったように色別に収集しているところもある。別途リターナブルビン（そのまま再使用できるビン）を集めており、色ごとに分けられたものは「雑びん」として、一度溶融されることになると思われる。その際、色ごとに分けておくことで、また、その色のビンとして再生利用しやすくなるのである。先に、牛乳パックからトイレットペーパーになる事例を紹介したが、古紙も細かく分別することで、同じ用途として再生利用できるものもある。上質紙（コピー用紙など）、新聞チラシ、ダンボール、雑紙（お菓子の箱のような裏が灰色の紙）、本類などに分別している地域もあるだろう。

　では、次に、南予９市町について、ごみの分別状況についてみてみよう。表２にそれぞれの市町の分別ルールの種類を示した。

	八幡浜市	宇和島市＊	愛南町	大洲市	伊方町	鬼北町	松野町	西予市	内子町
1	燃やすごみ	燃えるごみ	可燃ごみ	もやすごみ	可燃ごみ	可燃物（燃えるごみ）	燃えるごみ	もやすごみ	燃えるごみ
2	燃やさないごみ	燃えないごみ	びん・缶	もやさないごみ	埋立ごみ	不燃物（燃えないごみ）	燃えないごみ	新聞・チラシ	燃えないごみ
3	プラスチック製容器包装	古紙	ペットボトル	資源ごみ（缶・びん）	びん類	資源ごみ	古紙	段ボール	資源空き缶
4	ペットボトル	粗大ごみ	不燃物	資源ごみ（発泡スチロール容器・ペットボトル）	かん類	粗大ごみ	ペットボトル	紙パック	資源空き瓶
5	びん類	びん・缶	粗大ごみ	資源ごみ（古紙・紙パック・古布）	ペットボトル	有害ごみ	発泡スチロール・白色トレイ	雑紙・紙製容器包装類	資源金属
6	かん類	乾電池・油など	新聞、雑誌、段ボール等	有害ごみ（廃乾電池）	プラスチック製容器包装		使用済み小型家電	プラスチック製容器包装	資源ペット
7	紙製容器包装	ペットボトル		粗大ごみ	発泡スチロール		粗大ごみ	その他プラスチック類	資源衣類
8	新聞紙			古紙・古着類			廃食油	金属類	資源段ボール
9	雑誌類			有害ごみ				びん類	資源新聞紙
10	ダンボール			粗大ごみ				かん類	資源雑誌
11	紙パック							ペットボトル	資源紙パック
12	粗大ごみ							廃食用油	廃油
13								小型家電類	粗大
14								粗大ごみ	家電
15								古着・古布類	電池
16								有害ごみ	
17								埋立ごみ	
一人一日（2014年）	1051g	957g	904g	882g	832g	779g	770g	736g	701g

＊宇和島・吉田・津島地区

表2 南予地方9市町のごみ分別ルール（2014年度）

　表2によれば、地域によって分別数や名称が異なっていることがわかるだろう。9市町で最も分別数が多いのは、西予市の17分別である。古紙だけでも「新聞・チラシ」から「雑紙・紙製容器包装」までの4種類に分けられている。樹脂類も「プラスチック製容器包装」「ペットボトル」「その他プラスチック類」の3種類となっている。「有害ごみ」は蛍光灯や一部の体温計・鏡など、有害な水銀を含むもののことである。民間企業や生活協同組合が廃油を回収している地域もあるが。「廃食用油」も行政が回収している点が特徴的であろう（内子町、松野町、宇和島市も同様）。西予市の他、ごみ分別数が10種類以上の市町は、内子町（15分別）、八幡浜市（12分別）、伊方

町（10分別）の3自治体であった。内子町では、分別の名称に「資源」と名の付くものが9種類あり、後の利用を想像させるネーミングとなっている。

分別数が最も少ないのは鬼北町の5種類である。「資源ごみ」として分類は一括しているが、『鬼北町ごみ分類表』によれば、「ペットボトル」「古紙」「トレー容器」「発泡スチロール」「廃食用油」を別々に集めているようである。愛南町では分別が6種類であり、そのうち、「びん・缶」「ペットボトル」「新聞、雑誌、ダンボール等」が再生利用（リサイクル）ルートに乗せられるものと考えられる。

表2では、2014年度の一人一日当たりのごみ排出量が左から右にいくほど少なくなるように市町を並べてある。分別数の多い、西予市や内子町が右端にきてはいるものの、八幡浜市は最も左に位置し、分別数5の鬼北町の排出量が779グラムと、西予市や内子町の700グラム台と大差ないことから、この9市町を見る限りでは、分別数と一人一日当たりのごみ排出量に明確な、線形の相関はみられない。

4．地域資源としての「ごみ分別辞典」の可能性

（1）ごみ分別ルールをどうやって知るか？

ここでは地域住民の視点から、ごみ減量に努め、資源循環型社会や持続可能な社会の構築に少しでも貢献できる暮らし方について考えてみたい。例示のため、初めての町で一人暮らしをすることになったと想定してほしい。事前に住居を決めて、契約もした。引っ越し当日、アパートやマンションなら大家さんや管理人、あるいは住宅斡旋業者の人が、その地域のごみ分別ルールと、その集合住宅でのルールを教えてくれることが多いだろう。大概は、市町が作成しているごみルールに関するパンフレットを渡してくれて、可燃ごみは水曜日と日曜日の週二回、ビンや缶は何週に1回、ここのごみ集積所に出すようにというようなことを言われるであろう。可燃ごみと資源物では、集積所が異なることがあるかもしれない。荷物を搬入し終わり、ほっと一息ついたところであるが、忘れないようにしたい。

一戸建てに入居した人では、町内会の世話人が教えてくれるかもしれない。

分からなかったら、町内の掲示板や近所の人に挨拶に行った折にでも聞いてみるとよいだろう。

　ごみ排出のルールを知る機会はもう一つある。それは、役場に転入届を出す時である。他市町村からの転入時には、転入後の市町のごみ排出ルールを記した収集日程表、パンフレットや冊子を渡されることが多いだろう。松山市のように大きな都市では、地域によって同じ「可燃ごみ」でも収集曜日が異なっているため、自分の転入した地域の分別日程表をもらおう。さらに、指定袋が厳密に決められており、ごみの種類によって袋の色や材質が異なっているかもしれない。いままで住んでいた地域のごみ指定袋が通用しないことが多いので、注意したい。

図4　集積所の例（愛南町）　　　図5　集積所の掲示の例（愛南町）

　図4と図5はいずれも愛南町で撮影したものである。ペットボトルなどを入れる「緑のごみ袋」以外も、袋の色指定があるのだが、経年劣化で読み取れなくなっている。指定袋の使い分けに最初は戸惑うかもしれないが、近所で聞いてみたり、他の人が出している様子をみたりして慣れていこう。

（2）「ごみ分別辞典」とは
　さて、引っ越して数ヶ月もたてば、当地の収集ルールにも慣れて習慣化されるので、日常的に出すごみの分別について悩むことも少なくなるだろう。しかし時には、今まで出したことがないようなものをごみとして出さなければならなくなるかもしれない。例として「卓上コンロ」をごみとして出すこ

第7章 愛媛県のごみ排出の現状と情報源としての「分別辞典」　　149

とを考えてみよう。カセット式ボンベで使用する小型のコンロである。分別の種類と名称を記した A3 や B4 一枚のパンフレットでは挙げられてないかもしれない。では「卓上コンロ」は、どの分類で出せばよいのだろうか。このようなときには、「ごみ分別辞典」を参照するとよいだろう。品名を 50 音順に並べて、それぞれをどの分別で出せばよいか表にしているものである。

表3によれば、どの種類の分別で排出すればよいか一目瞭然である。地域によって、「不燃ごみ（不燃物・もやさないごみ）」「粗大ごみ」「金属」と分類が違うことがわかるだろう。気をつけたいのは、必ずしも「卓上コンロ」という品名で掲載されているとは限らず、宇和島市や愛南町のような表現も見受けられる。この卓上コンロに限らず、自分が排出したいものの品名で掲載されていなくても諦めず、別の名前で検索してみよう。

同様に、アルミ箔・アルミホイルでは、「可燃ごみ」として排出すべきなのは、愛南町と内子町と大洲市で、宇和島市・鬼北町・西予市・八幡浜市・伊方町・松野町は「不燃ごみ」または「埋立ごみ」と分類されていることがわかる。燃やす（燃やせるか）か燃やさないかは処理の上で大きな違いである。それぞれの地域で排出する際には気をつけたい。

また、「分別辞典」の名称も、地域によって様々である。転居時に配付されたものか、多くの自治体では市町村の公式サイトからダウンロード可能なので、調べてみるとよいだろう。

この「分別辞典」は分別を迷ったときに活用できる便利な情報源であり、

市町	名称	品名	分別	備考
八幡浜市	ごみ分別ガイドブック	卓上コンロ	不燃ごみ	
宇和島市	家庭ごみの分別早見表	コンロ(卓上サイズ)	不燃ごみ	
愛南町	愛南町家庭系ごみ分別早見表	カセットコンロ	不燃物	
松野町	家庭ごみ分別・分類ブック	カセットコンロ	もやさないごみ	
大洲市	ごみ分別辞典（五十音順）	卓上コンロ	もやさないごみ	
伊方町	ごみ分別辞典	卓上コンロ	粗大ごみ	
鬼北町	鬼北町ごみ分類表	卓上コンロ	粗大ごみ	500 円／台
西予市	西予市ごみ分類辞典	卓上コンロ	金属類	
内子町	ごみ分類辞典	卓上コンロ	資源金属	

表3 南予8市町のごみ分類辞典における卓上コンロの分別種類

愛媛県の20市町では、19の市町で50音順の分別辞典を、少なくとも市町の公式サイト上で公開している。中でも、伊予市は、スマートホンのアプリとして提供している点が、PDFファイルである他の市町と異なる点で特徴的である（iOS, アンドロイドとも利用可）。しかし、どの自治体でも作成しているかというとそうでもないようである。南予に隣接する高知県西部（須崎市〜津野町〜仁淀川町以西）では、四万十市・須崎市・中土佐町が作成していた（2019年6月30日現在）。

　本節では、「分別辞典」を分別に迷ったときの情報源として活用し、本来資源として活用されるべきものが、適切なリサイクルルートに乗ることで、最終処分されるごみ量を減らし、循環型社会の構築に資するものとして紹介した。現状では、当該地域の住民への情報提供のためだけに活用されているようであるが、今後は、自治体間で情報共有し、転入者にも転出者にも、これから住む地域でのごみ排出ルールに早くなじむためにも活用できるのではないかと考える。提供される情報には、分別の種類と数・指定袋の有無や色・指定袋の入手先・排出の場所と収集時刻や曜日・50音順の分別辞典などが含まれるであろう。マイナンバーカードはこのような情報提供や情報共有に活用すれば、さらに普及が進むのではないだろうか。

5．おわりに：「分別辞典」を環境保全に活かそう

　最後に、ごみ問題の特徴を人々の行為とその集積という社会学的な観点から整理しておきたい。3．で指摘したように、一人一日当たりのごみ排出量は多いところでも1100グラム程度である。しかし、それが何万人、何十万人と集積することで社会全体として処理する量が膨大なものとなってしまう。個々人の出す量は極めて少ないために、自分一人がごみ減らしに頑張っても、たいした貢献ではないだろうとか、一人くらい多く出してもいいだろうと、みんなが考えると、結局、ごみ排出量は増大し、再使用や再生利用で資源化されるものが少なくなる。そうすると、ごみ処理の費用がさらにかかることとなり、我々の納める税金が高くなることもありえる。また、資源の浪費も深刻化し、次世代に、現在と同じかより安全に住める環境を伝えるこ

とが難しくなるかもしれない。気候変動とその影響の有無については諸説あるが、真夏日ではなく猛暑日の増加や、いままでにない規模の台風の襲来は、気候変動の一環であるかもしれない。たかがごみとはいえず、されどごみという状況に、現在の社会はきていることになる。

　一人一人が自分の得になることを選択した結果、それらの行為の集積が社会全体としては望ましくない帰結をもたらす事態を、「社会的ジレンマ」という。ごみの分別や3Rを面倒だからと、住民のだれもがしないと、ごみの量が増大し、クリーンセンターへの負荷をかけ、最終的な埋め立て地（最終処分場）の運用年数を、当初の30年から15年に減らしてしまうかもしれない。これはまさに、「社会的ジレンマ」といえる。

　では、ごみを減らし、持続可能な社会を実現するために、私たちは何をすればよいのだろうか。まずは、住んでいる市町村のごみ分別ルールを守ること。これは、市町村で決められたルールなので、住民の義務であることから、小松（2006）は「義務的行動」と名付けている。「義務的行動」だけでもよいのだが、さらにできることがある。それは、ごみの減量も含め、環境への負荷が相対的に低い行動を日常的に実行することである。「環境にやさしい行動」や「環境配慮行動」と呼ばれている。人間の生活はいずれにしても自然環境に何らかの負荷をあたえており、「やさしい」とはいえないので、ここでは、「環境配慮行動」という名称を使おう。「スーパーやコンビニエンスストアでレジ袋を断る」「使わない部屋の電灯を消す」「自家用車ではなく公共交通機関を利用する」などが「環境配慮行動」の例として挙げられよう。これら「環境配慮行動」は、実行しなくても誰からも非難されたり罰せられたりしない、自らの意思で行うものなので、小松（2006）は「自発的行動」と名付けている。

　自発的な「環境配慮行動」は、環境に対する人々の意識と関連することが分かっており、環境問題を深刻に思ったり、自分ができることをすべきだと考えたりしている人ほど、「環境配慮行動」を実行する傾向が見られている（小松2006, 小松2011, 小松2017）。

　本稿で紹介した「ごみ分別辞典」も含め、世の中には環境問題の緩和に役に立つ様々な情報があふれている。インターネット上の情報は玉石混淆で、

どれが信頼に値するものか慎重に判断する必要があるが、一人一人の寄与が小さいからこそなおさら、時には、自分の行為が環境にどのように影響を与えているか、意識しながら生活をしてみることもよいだろう。

参考文献・資料

松山市，2016，「平成27年度横谷埋立センター　埋立量、点検結果等」，松山市.

松山市，2017，「松山市のごみ排出量（平成9～27年度）」，松山市.

小松洋，2006，「義務的行動と自発的行動─ごみ減量行動規定因の分析」『社会学研究』第80号，53-75.

小松洋，2011，「環境配慮行動規定因の構造─行動阻害要因としてのコスト感に着目して」『松山大学論集』23（2）:69-93.

小松洋，2017，「環境意識と環境配慮行動」小松洋『環境意識と環境配慮行動に関する実証的研究──社会学的総合環境調査に向けて』平成26～28年度科学研究費補助金 基盤研究（B）研究成果報告書，63-78.

『ごみ分別帳』（砥部町　平成26年4月1日改定版）

『エコっくま君とゆりぼうの家庭ごみ分別辞典』（久万高原町　平成25年3月発行）

『廃棄物排出基準表』（四国中央市　平成26年3月作成）

『ごみ分別表』（西条市　平成29年作成）

『にいはまし ごみ分別大辞典』（新居浜市　平成28年10改訂版/平成29年一部改訂）

『ごみ分別早見表』（今治市　平成29年3月作成）

『ごみ分別辞典』（伊方町　平成28年4月作成）

『ごみ分別辞典（五十音順）』（大洲市　平成26年4月改定）

『ごみ分別辞典』（内子町　平成28年10月作成）

『ごみ分別ガイドブック』（八幡浜市　平成28年4月保存改定版）

『保存版ごみ分類表 ごみの分け方・出し方』（西予市　平成25年3月作成）

『松前町 ごみ分別の手引き』（松前町　平成27年度改訂版）

『鬼北町ごみ分類表』（鬼北町　平成27年6月作成）

『家庭ごみの分別早見表（宇和島・吉田・津島地区）』（宇和島市　平成28年1月更新版）

『愛南町家庭系ごみ分別早見表』（愛南町　平成29年4月作成）

『松山市ごみ分別はやわかり帳』（松山市　平成28年6月作成）

『家庭ごみ分別・分類ブック』（松野町　平成29年7月3日版）

『ごみ分別はやわかり帳』（東温市　平成29年12月版）

ごみ処理量のデータは、「愛媛県統計情報データベース」の「市町村別ごみ・し尿処理の状況」より各年度版を参照した。

http://www.pref.ehime.jp/toukeidb/toukeidb.kensaku.data

第8章

海洋環境と生物生産に関する
未来に向けた取り組み
― 南予地域の養殖生産技術を中心に ―

太田耕平

1．はじめに：南予地域における水産

　四国の西側は愛媛県から高知県までの北から南に80km以上にわたり、複雑に入り組んだ海岸線が続いている。こうした地形を利用して、これまでに様々な種類の漁業や養殖業が営まれてきた（図1）。特に近年は魚類や真珠養殖が盛んとなり、日本の養殖生産の一大拠点としての地位を確立している。愛媛県の海面養殖生産額は昭和53年から平成26年まで連続して全国1位であり、平成27年に3位となるが、平成28年には再び1位に返り咲いている。この背景には、地域の人々の様々な取り組みに加え、南予地域特有の恵まれ

図1　入り組んだ湾内に、養殖生簀が整列する

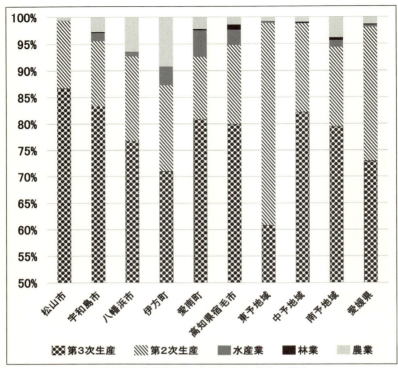

図2 市町内総生産に占める1次産業の割合
（平成26年度推計結果：愛媛県市町民所得統計および高知県市町村経済統計）

た海洋環境によるところが大きい。独特の海洋環境が有する優れた生産力を「地域資源」として、水産の知識や技術を発展させてきた。沿岸地域における水産業への依存度は高く、地域経済の大きな柱となっている（図2）。総生産に占める水産業の割合は東予地域の約4倍、中予地域の約11倍高く、南予地域内では愛媛県愛南町と伊方町、高知県宿毛市で比較的高い。水産物の生産、加工、流通、および販売に多くの人々が携わっており、地域における雇用や収入を支えているのみならず、地域内での魚介類の供給や郷土料理等の食文化においても、水産物は欠くことのできない要素となっている。

2. 愛南地域における水産業の発展
(1) 漁船漁業

南予地域は古くから漁業が盛んな地域である。カタクチイワシやマサバを始め、様々な魚介類が豊富にとれ、カツオやマグロ類もよく回遊してきた（参考文献1）。愛南町では現在でも、一本釣り、小型まき網、中型まき網、底引き網、定置網、籠などの様々な漁業が営まれているが、1600年代から1800年代の記録にも、イワシ網（地引網）、大敷網、一本釣りなどの漁に関する記述があり（参考文献1）、時代と共に南予地域の漁業も発展してきたことがうかがえる。

明治時代以降は、比較的に詳しい記録が残されている。当地域においてよく知られているのは、浦和盛三郎による金輪式漁具（まき網の改良型）の開発（1880年代後半）と清家政夫による蓄電池式集魚灯の発明（1933年）である（参考文献1、2）。こうした技術革新が漁獲量や漁業効率の向上に大きく寄与した。併せて漁船の動力化や大型化などの全国各地での様々な技術の開発や発展に伴い、漁業の近代化が進み、漁場も沿岸から沖合いへと拡大していくこととなる。第二次世界大戦後の1945年以降も漁業は活発に行われ、愛南地域においては、地域の主要産業の1つとして大いに繁栄した。特に、鰹節やいりこ（小型のイワシ類の煮干し）などの加工品の製造も盛んに行われてきた（参考文献3、愛南町久家・船越地区での聞き取り調査）。しかしながら、1950年代後半からマイワシを中心に漁獲量が急激に減少し、

図3 愛南町外泊の集落（左）。「遠見の窓」（右）。
石垣にくぼみをつけて屋内から海を見えるようにしている。
写真撮影時は石雛が飾られていた。

漁船漁業を軸とした産業は一気に縮小する。

　漁船漁業と人々の暮らしとの関係を示す1例として、愛南町の外泊地区がある。現在は「石垣の里」として知られ、北側を海に臨む急傾斜地に石垣に囲まれた家屋が整然と配置されている。「日本の美しいむら景観コンテスト農林水産大臣賞」（1994年、農林水産省）、「未来に残したい漁業漁村の歴史文化財産百選」（2006年、水産庁）、および「美しい日本の歴史的風土100選」（2007年、古都飛鳥保存財団）に選定されるなど、現在は観光スポットになっている（図3）。

　南予地域の沿岸では、急斜面に石垣を積み上げて家屋や農地を築いた集落がよくみられるが、外泊にみられる特徴は家屋そのものを高い石垣で取り囲んでいることである。冬の激しい北西風や夏の台風から家を守るために高く積み上げられたものであり、当時は周辺の集落でもみられた。外泊は幕末から明治初期までに形成された集落であり、当時の技術を駆使して計画的に土地が区画され、家屋が巧妙に配置されている。また、屋内から波や漁労の様子、船の帰りなどを見るために石垣にくぼみをつけた「遠見の窓」を設けるなどの工夫がなされている。漁に従事する人々が入居し、イワシ漁の際には集落全体で協力して作業を行う仕組みができていた。その後も、漁業を軸とした生活が営まれていたが、1950年代後半からの不漁をきっかけに人口が一気に減少する。集落の人口推移の一つの指標として、地域の小学校の児童数の変化がある。この地域には、外泊とその隣に位置する中泊と内泊を合わせた3集落の児童が通う西浦小学校が設置されていた。この西浦小学校の児童数は1960年頃から激減し、最終的に2011年3月に閉校した（図4）。その間、地先の海域が足摺宇和海国立公園（環境省, 1972年）として指定され、多くの観光客で賑わった時期もあったが、集落の人口を維持するには至らなかった。人口減少には様々な複合的要因が考えられるが、生業に直結する漁業資源の減少が大きなきっかけとなったことは疑う余地がない。当時とは産業構造が異なるために単純に比較できないが、現在においても漁業者をはじめとする沿岸地域の人々の生活は、海洋環境や生物資源に大きく依存しており、環境変動が人々の暮らしや地域産業に与える影響は計り知れない。ちなみに、閉校後の西浦小学校は校舎や運動場を改修して、愛南町地域産業研究・

普及センターとなり、その一部は愛媛大学南予水産研究センター（西浦ステーション）として、教育研究に活用されている。

　ところで、マイワシなどの小型浮魚類の資源量は数十年レベルでの周期的かつ大規模な変動を繰り返す傾向があることが知られている。日本近海のマイワシは20世紀には1930年代と1980年代に漁獲量のピークがあった。また、マイワシが多い時期にカタクチイワシが少なく、カタクチイワシが多い時期にマイワシが少ない「魚種交替」とよばれる現象もみられる。こうした変動には地球規模での気候変動が大きく影響していると考えられており、水産資源変動を理解する上での重要な課題となっている。宇和海においてもマイワシ、カタクチイワシ、およびサバ類の生産量には大きな変動がみられている。一方で、魚類全体の生産量からマイワシ、カタクチイワシ、およびサバ類の3種の生産量を差し引いた値、すなわち3種以外の魚類の生産量は比較的緩やかに推移しており、いかに小型浮魚類が漁船漁業の生産量の変動

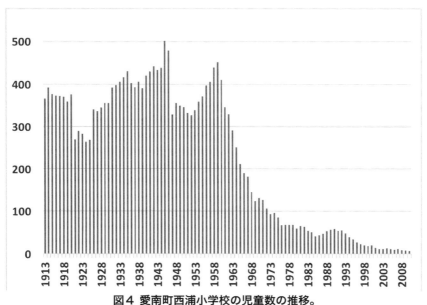

図4　愛南町西浦小学校の児童数の推移。
西浦小学校は外泊地区に加え、隣接する中泊地区及び内泊地区の生徒も含む

図5 宇和海における漁船漁業の主要魚種の生産量（単位はトン）
（えひめの水産統計、愛媛県）

に影響を及ぼしているかがよくわかる。（図5）。

（2）養殖業

　沿岸地域における漁船漁業の縮小の影響もあって、他の地域と同様に南予地域においても魚類養殖業が盛んとなる。愛南町においては1960年頃から久良地区でブリ養殖が始められ、その後、周辺海域に拡大した。様々な種類の魚類養殖が試みられ、その中からマダイも盛んに養殖されるようになり、現在では日本最大のマダイの産地となっている（図6a）。愛南町ではブリとマダイに加え、カンパチを加えた3種が多く生産されている。多魚種化も進んでおり、クエ、シマアジ、ヒラメ、スズキ、カワハギ、スマ、サツキマスなどのほか、最近はクロマグロも養殖されている。

　養殖業はこの50-60年間の間に目覚ましい発展を遂げている。その間に小割式生簀の導入、網、作業船、給餌装置、および生簀の形状や材質、さらには粉末や固形の配合飼料の開発などの様々な設備や技術の開発・改良が行われている。日本屈指の養殖生産地域である当地域においても人々の協力・連携や創意

工夫、すなわち「地域協働」により、様々な知識や技術が生まれたことは想像に難くない。

加えて、貝類や海藻の養殖も行われてきた。特に食用貝類としてはアワビや牡蠣が多く養殖されている。一方で、食用ではないが真珠養殖は地域を代表する産業の1つである。真珠養殖については歴史が古く、1915年に小西左金吾が御荘湾で真円真珠の産業化に成功するなど、三重県とほぼ同時期に真珠養殖技術を発展させたことが知られている。その後、当地域での真珠生産は拡大と縮小を繰り返し、最近では、1990年代に経営体数と生産量が共に大きなピークを迎えた(図6b)。しかしながら、「赤変病」と呼ばれる伝染性の病気が流行し、アコヤガイが大量死するなど、その後は安定生産がままならなくなっていった。

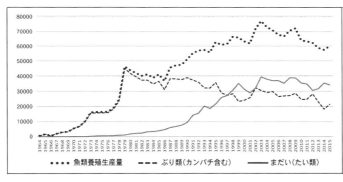

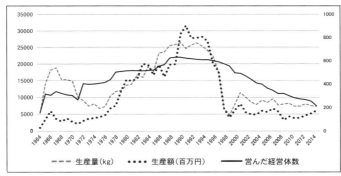

**図6 (a) 愛媛県における魚類養殖生産量（左軸単位はトン）。
(b) 愛媛県における真珠養殖生産の推移**
（生産量と生産額は左軸、経営体数は右軸）（えひめの水産統計、愛媛県）

真珠の人気もかつてほどの熱を失って低迷していたが、最近は再び熱を取り戻しつつある。生産面では赤変病に耐性を持つ貝の育種をはじめとした研究開発が奏功しており、今後の進展が期待される。

3. 南予地域の海洋環境
(1) 海洋環境の変動
　南予地域の海洋環境について、時代を遡ってみる。当地域には旧石器時代、縄文時代、さらに弥生時代のものと推定される遺跡が多く残されており、少なくとも2万年前にはこの地で人々が暮らしていたと考えられている。古代の人々が貝殻、動物の骨、さらに土器などを捨てたとされる貝塚の遺跡も存在しており、海の生産力を頼りに人々の生活が営まれてきた証拠となる。縄文時代後期（約3500年前）のものとされる愛媛県愛南町の平城貝塚の遺跡からは、様々な魚介類の骨や貝殻が出土している。例えば、魚類ではカツオ、マダイ、ブダイ、ハタ類、マグロ類、マイワシ、マルソウダ、アカエイなど、貝類では、マガキ、ウミニナ、イワガキ、アサリ、ハマグリ、オキシジミ、マガキガイ（地域名はハシリンド、チャンバラ貝）などである（参考文献4-6）。これらは、現在でも御荘湾やその周辺で採取可能である（写真7）。なかには絶滅したと予想される種もある（近年に絶滅したと考えられる種も

図7 平城貝塚近くの僧都川河口
干潮時には干潟が広がり貝の採集にも適していたと推測される（左）。ハマグリ、アサリ、オキシジミなど現在でも採集できる貝類が貝塚からも出土している（右）。

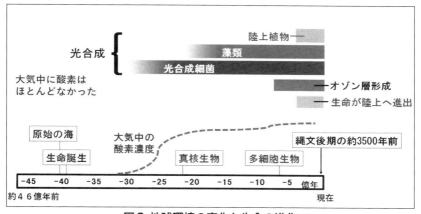

図8 地球環境の変化と生命の進化
（藻類学ハンドブック（2012）エヌ・ティー・エスを改変）

あり、人類による影響も疑われる）が、多くの種においてその祖先が存在していたことは、縄文時代後期から現在までの約3500年間の環境が比較的安定していたことの裏付けとなる。

　しかしながら、さらに長期的にみた場合、地球の環境は大きく変動してきたことが知られている。地球の歴史は、46億年と推定されており、環境も大きな変化を遂げてきた（図8）。例えば、誕生当時の地球には生物は存在しておらず、大気中には酸素もほとんどなかったと考えられている。その後、光合成をするバクテリアが誕生し、酸素が海洋や大気に多く供給された。さらに有害な紫外線を防ぐオゾン層の形成などを経て、陸上で人類が生活できる環境になったと推測される。すなわち、地球環境は一定ではなく、変化の中で生命は誕生し、適応してきた。言い換えれば、地球上のすべての生命活動はその時代に特有の環境条件のもとに成立している。我々人類も現在の環境、例えば水、酸素、食料、場所（陸地）や生息可能な温度などがなければ、生命活動を維持することができない。

（2）海洋における生物生産と環境要因

　生命が活動するための環境要因は、物理・化学的因子と生物的因子に大別することができる。物理・化学的要因として、大気、海、河川、湖、地形を

構成する気体、液体、および固体の様々な物質が挙げられる。それらは温度、圧力、密度を持つ。また、生命は太陽光や月光などの光の影響も受ける。さらに、地球の重力や月、太陽などの引力による影響を受けている。一方、生物的因子としては、捕食、被食、共生、寄生、擬態、および感染などの種間関係や、配偶行動、群れ行動、縄張り争いなどの種内関係がある。これらの物理・化学的および生物学的因子は、動き、反応し、相互に作用しながら時間軸の中で刻々と変化する。また、個体自身の発生、成長、成熟、加齢、老化に伴う生理変化によって、環境要因に対する応答パターンも変わる。

　上記のように様々な環境要因の中で、太陽光は地球の生命活動のための最も重要な因子である。光合成生物、すなわち植物、海草、海藻、および植物プランクトンが光エネルギーを利用して二酸化炭素と水から有機物を合成（光合成）する。これを一次生産、または基礎生産と呼ぶ。植物プランクトンは光合成に伴い、酸素を放出するとともに、窒素やリンなどの栄養塩を取り込んで、細胞の構成成分や生命活動に必要な様々な有機化合物を生み出す。これを起点とした食物連鎖によって、消費者である草食動物や肉食動物は生体の構成成分や生命活動のためのエネルギーを得る。さらに、死骸や糞などはそれを利用する動物、細菌、菌類などによって分解される。こうして、光

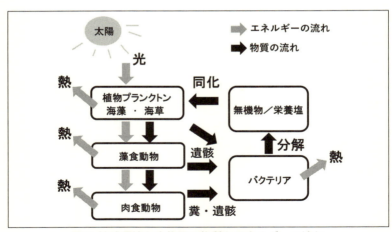

図9 地球環境と生物間の物質とエネルギーの流れ
（生物海洋学入門（2005）講談社サイエンスティックを元に作図）

合成によって生産された有機物は、消費、分解を経て、二酸化炭素、水、および無機物となって環境中に戻り、再び光合成で利用されるまで環境に存在する。すなわち、地球上の酸素、窒素、リン、炭素などをはじめとする様々な物質は、環境と生物との間を絶えず循環しており、その循環は太陽光からのエネルギーにより駆動されている（例外としては、海底の熱水噴出孔に棲む生物などが挙げられる）。（図9）

（3）南予の海洋環境と生物生産

　海洋における一次生産は植物プランクトンが大部分を担っていると見積もられている。植物プランクトンとは、光合成を行うプランクトンの総称であり、珪藻、ラフィド藻、渦鞭毛藻、ハプト藻、ユーグレナ藻などの藻類に加えて、光合成細菌も含まれる。こうした植物プランクトンの一次生産量を決定する主な制限要因は光、栄養塩、および温度である。特に地球全体においては、光と栄養塩濃度が制限要因となっているケースが目立つ。例えば、熱帯地方の海面においては光と温度は十分あるが、栄養塩が枯渇しており、一次生産量はそれほど高くない。また、海底や深海のように深度が深くなると、栄養塩が豊富にあっても光が届かないために、十分な光合成が行われない。

　南予の海洋環境が恵まれているのはなぜだろうか？その主な要因として、この海域（宇和海）の地形、海流、および栄養塩の特性が挙げられる。宇和海は南側が太平洋に開いており、その沖合いを黒潮が流れる。この黒潮の影響を強く受けて、外洋水が頻繁に流入する。代表的なものが「急潮」と呼ばれる現象である（参考文献7）。夏を中心に南から北にかけて上層の水温が上昇していく現象が観察される。すなわち、南から暖水塊が豊後水道の上層に入り、北上してくる。時期などによって強さが異なるが、1回の急潮による水温上昇は5度を超えることもあり、暖水塊の北上速度は12-13km/dayという報告がある。おおよそ宿毛沖から宇和島の遊子付近まで3-4日程度で到達する。この水塊は比較的暖かいことに加え、栄養塩濃度が低く、低密度である。急潮の直後には湾内のプランクトンが一気に消散し、透明度が良くなることが多い。

　急潮と前後して「底入り潮」と呼ばれる流動もみられる（図10）。「底入り潮」

第8章 海洋環境と生物生産に関する未来に向けた取り組み　　165

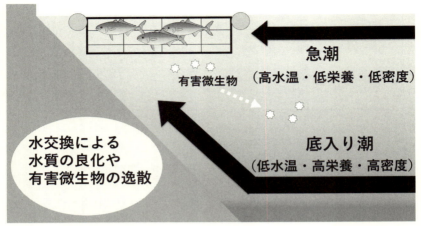

図10 宇和海における「急潮」と「底入り潮」による水交換
(愛媛大学沿岸環境科学研究センター資料を改変)

は比較的冷たい水塊が底層から這い上がって沿岸に流入する現象で、「急潮」とは対照的に栄養塩を豊富に含んでいる。この「底入り潮」によって運ばれる豊富な栄養塩は、珪藻をはじめとする植物プランクトンの増殖を促す。結果的に食物連鎖を通して、小型の動物プランクトンや小型魚をはじめ、様々な生物の活動に影響を及ぼす。こうした栄養塩供給のシステムは、生物の生産性を高めることから、漁船漁業に有利に働くと考えられる。それと同時に植物プランクトンの増殖は、アコヤガイやカキなどの貝類の餌としても利用される。このことは、当海域が日本最大の真珠生産拠点の1つになっていることに繋がっていると推測される(参考文献8)。

　余談であるが、閉鎖性の高い瀬戸内海では栄養塩不足により、海苔が育たないという現象が起きている。これは貧栄養化と呼ばれ、高度な下水処理技術の普及により周辺からの栄養塩の流入が減少したことが、原因の1つであると考えられている。一方、瀬戸内海とは異なり、外洋からの栄養塩流入が絶えず起こる宇和海では、このような貧栄養化は起こりにくいと予想される。

(4) 南予の海洋環境と養殖

　南予地域の海洋環境は魚類養殖も強力に後押している。宇和海の沿岸は急

深な地形で、湾の入り口付近では水深が 50m から 100m 近くに達する場合が多い。こうした深さがあれば、漁場の水質悪化を招きにくい。通常、養殖漁場では食べ残した餌や養魚の糞などが海底に沈む。これらの有機物を微生物が分解する際に酸素を消費し、底層の溶存酸素濃度が下がる。さらに進むと底層が貧酸素状態になる。しかしながら、水深が深い場合には、底層の貧酸素の影響を受けにくい。加えて、水深の深さは特定の魚病についても効果的である。養殖魚も感染性の疾病を患うことがあり、病魚から毒性を持つウイルス、細菌、寄生虫などの病原体が放出される。そのなかには白点病の病原体（*Cryptocaryon irritans*）のように一旦底層に落ちて潜伏し、再び上層に上がって感染を拡大させるものもあるが、水深の深い漁場ではこうした底層からの病原体の影響を受けにくい。

　宇和海特有の「急潮」や「底入り潮」による外洋水の流入も、養殖に好影響を与える。「急潮」や「底入り潮」の流入で水が入れ換わることにより、残餌や糞などの有機物の蓄積や貧酸素などの水質悪化を抑え、良好な水質を保つことができる。加えて、「急潮」と「底入り潮」は海域内で増殖した微生物を洗い流す効果がある。特に赤潮の原因となる有害プランクトンが「急潮」や「底入り潮」の後に消滅するという現象がよくみられる（参考文献9）。宇和海では夏期を中心に赤潮が発生する傾向があるが、春期から夏期までに頻繁に「急潮」が侵入すれば、赤潮発生が遅延や軽減されることが明らかとなってきている。同様に、「急潮」と「底入り潮」は魚病の感染拡大も軽減すると考えられる。生け簀周辺に存在する病原体が水交換により一掃されるためである。加えて、複雑に入り組んだ入り江は、年間を通じて波や風を穏やかにし、給餌や生簀管理等の作業を行うのにも好都合である。漁船漁業の操業も同様である。例えば、日本海側では冬期に北風が強く、漁船漁業の操業が困難な日も多いが、愛南町周辺海域は日本海側よりも波が比較的穏やかであり、台風や大荒れ天候時を除けば、年間を通じて操業することは不可能ではない。

　このように宇和海は、漁船漁業、貝類養殖、真珠養殖、および魚類養殖のいずれにとっても恵まれた環境といえる。

4．今後の養殖生産に関する技術

（1）養殖生産の不確実性

　魚類養殖で重要となる3大要素は、"種苗"、"餌料"、"環境"と言われる。そのうちの"種苗"、すなわち養殖魚の稚魚については、天然魚に依存する魚種もあるが、近年は親魚から飼育環境調節やホルモン投与などにより人為的に採卵する人為催熟技術や人工授精技術、得られた仔稚魚を効率的に育てる種苗生産技術を中心に、生産と育種に関する技術の開発が進み、様々な魚種で人工種苗が普及してきた。特にサケ科魚やマダイなどでは、長年の継代による育種により、天然種苗よりも成長率や耐病性などが格段に向上している。それ以外の魚種においても、安定的に生産するための"種苗"の開発が精力的に進められている。次に、"餌料"である。かつては豊富に取れたイワシ類などをそのまま餌として、または一旦冷凍して保管した後に餌として使用する「生餌」が利用されていたが、その後、生餌と粉末飼料を混ぜて作成するモイストペレットや乾燥した固形飼料（ドライペレットやエクストルーダーペレット）の開発が進んだことにより、飼料が安定的に供給されるようになり、作業性も一気に向上した。固形飼料は「生餌」よりも保管がはるかに容易で、自動給餌機との相性も良い。現在、飼料に含まれる魚粉の割合を少なくした低魚粉飼料や高成長・耐病性向上のための高機能性の飼料など、様々な人工飼料の開発が進められている。

　このように、"種苗"と"餌料"については養殖の黎明期の頃とは比べ物にならないほどの進歩を遂げている。しかしながら、この2つに比べ、"環境"については未だ不安定な要素が非常に多い。例えば水温は四季を通じて変化するが、水温の上昇時期や下降時期、さらには年間の最低水温や最高水温はその年により異なる。魚類にはその魚種にとっての成長に適した水温帯があることから、水温の変動は成長に大きく影響する。加えて、日照時間や降雨量も年による大きな違いが見られる。さらに、台風が接近した際には被害を受ける。猛烈な風雨や波浪、陸からの泥・木材・ゴミの流入などにより、給餌や出荷の作業を停止せざるを得ない。加えて、風雨が極めて激しい場合には生簀や網などの養殖施設が破損し、養魚が逃亡するなど、甚大な被害を受

けることもある。こうした物理・化学的な環境要因に加えて、生物学的な要因による影響も大きい。特に有害・有毒プランクトンによる赤潮とウイルス・細菌・寄生虫などによる魚病は養殖魚の成長遅滞を引き起こすのみならず、大量斃死にも繋がることから、計画的な生産を妨げる2大因子として、生産現場での最重要課題となっている。

　このように環境要因については不安定なものが多く、養殖生産の不確実性に直結している。また、こうした不確実性は養殖魚の計画的な育成や販売に負の影響を及ぼす。なかでも気象に関するものについては人の手によるコントロールが不可能であり、防波堤などの港湾改修や養殖施設をより強固にするなど、防御に重きを置いた対策となる。一方で、赤潮や魚病などの生物学的要因については、その生物特性や発生機構などをはじめとして、よくわかっていない部分も多い。したがって、今後の研究や技術開発により、その対処法が明らかとなれば、被害を大きく軽減できると期待されている。ちなみに、魚病についてはワクチンなどが開発され、特定の病気を効果的に防ぐことができるようになってきた。しかしながら、未だにワクチンがなく、対応が困難な魚病も多い。

（2）生物情報の取得技術

　赤潮や魚病の原因となる有害微生物の発生メカニズムを明らかにし、その対策を講じるためには、有害生物自身の挙動を詳しく把握することが不可欠である。しかしながら、こうした微生物の検出は極めて困難であった。ところが最近、生命科学技術の進歩により、様々な微生物の挙動を捉えられるようになってきた。解析にかかるコストも以前よりも安価になってきており、生産現場への導入も進められている。特に普及が進んできたものとして、a）LAMP法、b）定量的PCR法、およびc）次世代型シーケンサー解析が挙げられる。いずれも分子生物学に基づいた方法であり、生物種によるDNA配列の特異性を利用して検出を行う。以下に特徴を示す。

① LAMP（Loop-Mediated Isothermal Amplification）法

　病原体や有害微生物の検出に有効であり、病原体の体外診断、環境衛生検査、食品検査などに利用されている。検体中の標的遺伝子配列を利用してDNAを

増幅させる技術で、標的生物の有無を判定するのに優れている。60℃前後の一定温度で反応を行い、反応液の濁度をもとに遺伝子の有無を判定できる。

② 定量的 PCR（Polymerase Chain Reaction）法

　定量的 PCR 法も標的とする DNA 配列の断片を増幅する技術であり、DNA 存在量を定量的に解析できることから、医学や農学を含む生命科学の分野で幅広く利用されている。本法を用いて環境中の様々な生物由来の遺伝子の測定が行われている。

③次世代型シーケンサー解析

　次世代型シーケンサーは数千万から数億以上の DNA 断片配列情報を一度に取得できる機器である。DNA 配列の種特異性を利用して生物種を特定できることから、これを用いた解析により、海水や底泥などに含まれる生物種の情報を網羅的に取得することができる。日常的に利用するには高価であるが、研究・調査レベルにおいては利用が広がってきている。

（3）定量的 PCR 法による有害生物の検出

　赤潮の原因プランクトンが低密度で存在する場合、通常、海水を濃縮して顕微鏡で観察するという手法が用いられてきた。例えば、10 ℓ の海水を濾過により濃縮し、濾紙上に残ったプランクトンを観察することで、10 ℓ 中の細胞数を算出できる。この利点は、生きた細胞を直接観察するために、細胞形状や動きなどの情報を詳しく得ることができる点である。一方で、一度に観察できるサンプルの量は顕微鏡の視野に入るごく僅かな量であり、通常は数回に分けて観察する必要がある。また、類似するプランクトンとの見間違いの無いように、熟練した観察技術が不可欠である。一方で、分子生物学（遺伝子）に基づいた方法では、低密度の有害プランクトンを高精度で捉えることができる（参考文献 10）。愛媛大学南予水産研究センターでは、愛南町、愛南・久良の 2 漁協、地元漁業者の協力を得て、海水に含まれる生物由来の DNA の抽出から定量的 PCR 解析までのシステムを構築した。これを用いて、日常的かつ継続的に遺伝子モニタリングを行なっている。

　愛媛県で過去に最も多くの赤潮被害を出してきた有害プランクトン、*Karenia mikimotoi* について、ある年における周年変化を図 11 に示す。愛

媛県愛南町内の7地点において週1回の定量的PCR解析を行い、遺伝子量を時系列でプロットしたものである。興味深いことに、*K.mikimotoi*赤潮が発生する3ヶ月以上前からのプランクトンの挙動を捉えることができている。これまでの解析結果により、

- Ⅰ）赤潮発生より数ヶ月以上も早い時期から低密度で*K.mikimotoi*が存在している。
- Ⅱ）毎年、宇和海では春先から増加をはじめ、夏期にピークを迎えた後、減少する周年変動パターンを示す。
- Ⅲ）複数地点で同期的に遺伝子量の上昇が見られる場合、赤潮発生が大規模化する傾向がある。

といったことが、明らかとなった。

また、水産研究・教育機構や愛媛県をはじめとする豊後水道周辺の各県、さらには愛媛大学沿岸環境科学研究センターなどとの共同研究の結果から、

- Ⅳ）冬期には通常、低密度となるが、年によってその挙動や分布パターンが異なる。
- Ⅴ）気象や海象条件に大きく影響され、特に急潮や底入り潮などにより*K.mikimotoi*が減少する。

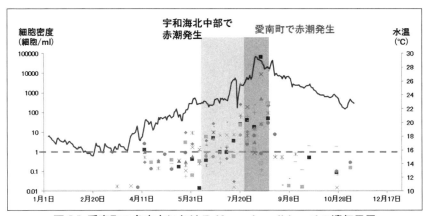

図11 愛南町の各定点における*Karenia mikimoti*の遺伝子量
(各プロットは各定点における遺伝子量。折れ線は水温変化。清水園子氏作図)

といった、以前から指摘されていた赤潮発生現象に関する詳しいデータを得ることができている。

　ちなみに、海、川、湖沼、土壌などの環境中に存在する生物由来の DNA は「環境 DNA」とも呼ばれ、それを解析することで環境中に存在する生物の種類や量荷に関する情報を得る手法は、現在、様々な場面で利用されるようになってきた。こうした技術の発展は日進月歩であり、今後も様々な技術が開発され、現場に導入されることが予想される。

（4）生産現場との連携体制

　低密度の有害プランクトンが存在していても、赤潮を形成するかどうかは、その後の気象や海況などに大きく左右される。そこで愛南町海域では、遺伝子モニタリングの測定結果とその変動パターンを元に、気象・海象や周辺海域での発生状況に合わせて、採水点の増加や、検鏡を強化することにより、赤潮の発生場所やタイミングを見逃さないようにしている。遺伝子モニタリングは極めて感度が高く、検出される時期は"かなり早期"の傾向があるため、結果がすぐに赤潮の発生の予測につながるとは限らない。しかしながら現場では、「近日中に赤潮が発生する可能性があるか？」の判断材料となり、作業スケジュールを組立てる上でも有効である。また、春先からの増減パターンから、中・長期的な予測を行うこともできる。さらに、顕微鏡では捉えにくい低密度時の増減を定量的に解析できることから、様々な環境要因との相関関係を明らかにし、発生メカニズムを詳しく解析することが可能となる。

　現在、南予水産研究センターでは、生産者、漁業協同組合、自治体、および大学を含めた「地域協働」により、*K.mikimotoi* に加え、他の赤潮被害の原因プランクトン、貝毒被害の原因プランクトン、さらには魚病の病原体についても遺伝子モニタリングを行い、それぞれの有害生物に関して発生機構の解析に役立てている。特に魚病については、海水中の病原体を顕微鏡で検出することは不可能であり、通常は魚病を発症した個体から病原体の存在を確認していたが、遺伝子モニタリングにより環境中の病原体の挙動を直接的、かつ高感度に捉えることが可能となった。このように遺伝子モニタリングにより、養殖に関わる有害微生物の挙動を正確に捉えることが可能になり、今

後の赤潮や魚病の対策が飛躍的に進むと予想される。ちなみに、愛南町では市町村では珍しく、町が独自に情報ネットワークシステムを構築している。漁場の水温や塩分等の情報のほか、先に述べた有害プランクトンのモニタリング結果についても、速やかに町内の漁業関係者に情報提供している（愛南方式）（図12）。こうした取り組みは、「地域アイデンティティー」の1つになるとともに、科学と現場をつなぐ先進事例の1つとして平成29年度の水産白書（水産庁）などに紹介されるなど、地域外からも注目を集めており、今後のさらなる発展が期待される。

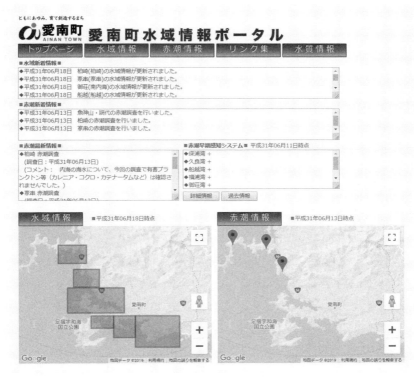

図 12 愛南町の水域情報ポータル
赤潮情報を含む漁場の環境情報を生産者へ提供している（愛南方式）

5．おわりに：将来に向けて

　世界人口の増加による食料不安が予想されるなか、中国などの新興国をはじめとする世界各国の魚介類の需要や消費は拡大を続けており、過去半世紀の間に世界で1人あたりの消費量は約2倍に、世界全体での消費量は約5倍に増大している。日本は食用魚介類の約40％を輸入に依存しているが、他国との競争により、買い負けも起こっている。また、天然の水産資源に依存する漁船漁業の生産量は頭打ちとなり、過剰漁獲の魚種も多く見られるなかで、養殖業の生産量が海面および内水面（淡水域）の双方で大きく増加してきており、今後のさらなる拡大が期待されている。国連食糧農業機関（FAO）によると、世界の養殖生産量は近年急速に拡大を続け、2014年には食用向けの魚介類の養殖生産量が漁船漁業による生産量を追い越した。今後の世界の食糧生産を考えた場合に、漁船漁業と養殖業のどちらか一方では不安定かつ不十分であり、両者を適切に進める、すなわち漁船漁業による生産量を維持しながら、養殖生産をさらに拡大、効率化することが1つの目標となる。そのためには漁船漁業と養殖業の両者が活発に行われている南予地域は良いモデルとなる。

　これまで述べて来たように我々生物は周囲の物理・化学的、および生物的環境に基づいて生命活動を成立させている。一方で、過去に類を見ない勢いで人口を増大させている人類は、地球環境に対してこれまでにないインパクトを与えている。人類にとって地球が手狭になってきた、という声も聞かれるようになってきた。例えば、人工的な化学汚染物質、フロンガスによるオゾン層の破壊、温室効果ガスによる地球温暖化など、人類の活動による産物が自然環境の持つ浄化能力や緩衝力を超えることも珍しくない。また、河川や沿岸の護岸工事や埋め立てによる地形の改変は、棲み家を奪われる生物たちにとっては深刻な影響となる。そのなかで、養殖漁場の環境については、水生生物が生息するための適切な環境を維持するための「水産用水基準」（2012年，公益財団法人日本水産資源保護協会）が設けられている。さらに、環境による浄化能力に基づいて持続的・安定的な養殖生産の実現を図るための「持続的養殖生産確保法」（1999年）が策定され、養殖漁場環境の改善

や維持管理が行われてきた。加えて最近、「里海」という概念も広がってきている（参考文献11）。これは「里山」を沿岸海域に当てはめたもので、「人間の手で陸域と沿岸域が一体的・総合的に管理されることにより、物質循環機能が適切に維持され、高い生産性と生物多様性の保全が図られるとともに、人々の暮らしや伝統文化と深く関わり、人と自然が共生する沿岸海域」（環境省）とされている。自然との共生は今後も人類にとっての重要課題であり続けると考えられ、地域環境の状態を正確かつリアルタイムで把握することがますます不可欠となる。地球環境が刻一刻と変化するなかで、南予地域の優れた環境を生かしながら、正確な環境評価や持続的・安定的な生物生産に関わる新たな技術や知識が創出されることにより、人類が直面する様々な課題を解決していくことが大いに期待される。

参考文献

1）深浦の移りかわり編集委員会 , 2004,『深浦の移りかわり』
2）愛媛県 , 1985,『愛媛県史　社会経済2　農林水産』
3）愛媛県教育委員会 , 2014, 『ふるさとのくらしと産業：えひめ、昭和の記憶5 （愛南町)』
4）愛媛県御荘町教育委員会 ,1996,『平城貝塚第5次発掘調査報告書』
5）愛媛県御荘町教育委員会 ,1997,『平城貝塚第5次発掘調査報告書 II』
6）環境省自然環境局生物多様性センター ,2005, 『第6回自然環境保全基礎調査　生物多様性調査　種の多様性調査（愛媛県）報告書』
7）武岡英隆 （1990)『養殖漁場としての宇和海の物理環境』水産海洋研究 54（1） 9-18.
8）山下亜純 ，井関和夫 ，樽谷賢治 ，小泉喜嗣 （2011)『宇和海下波湾における基礎生産速度の季節変動』水産海洋研究 75（1） 9-18.
9）兼田淳史, 小泉喜嗣, 高橋大介, 福森香代子, 郭 新宇, 武岡英隆 （2010)『2007年宇和海下波湾における有害渦鞭毛藻 Karenia mikimotoi 赤潮の 底入り潮の発生による消滅』水産海洋研究 74（3） 167-175.
10）向井幸樹・太田耕平・島崎洋平・鵜木（加藤）陽子・大嶋雄治 （2017) 定量PCRを用いた有害ラフィド藻 Chattonella marina および Heterosigma akashiwo 定量法の検討 . 九大農学芸誌 72: 39-46.
11）恒星社厚生閣 ,2010,『里海創生論』

第9章

無形民俗文化財と地域社会
― 愛媛県指定無形民俗文化財 花とり踊り（愛南町）を事例として ―

牛山眞貴子

1．はじめに：無形民俗文化財の現状

「皆さんの故郷の芸能について教えてください。」

愛媛大学社会共創学部の「地域資源融合論」の授業では、第1回目の授業では、まずこの質問から切り出していく。すると、学生たちは一斉にスマホを取り出し、リサーチを始める。1つ2つ祭祀や芸能の名前は浮かんでくるのだが、「知る・見る・聞く・体験する」ことが少ないため、ほとんどの学生が検索で、一から調べ始める。

次に、国や県指定無形民俗文化財を知っているかどうかを尋ねてみる。再び、スマホ検索が始まる。このような質問を授業の冒頭で行う理由はなぜか？それは無形民俗文化財が、地域の宝物だからである。そして、無形の文化財は形なきものであるがゆえに、人から人へ、人の記憶による伝承が途絶えた時、滅びる運命を背負うかけがえのない文化だからである。

しかし、現在、若者の多くは、無形民俗文化財への関心が薄く、故郷の芸能に関する知識・関心も高くない。これは、見る・聞く経験はしているが、記憶に残っていないことに起因しているのかもしれない。

近年、小学校・中学校の授業では、地域を知る学習や地域に出て活動する取り組みが重視されている。子どもたちが、地域の人に昔の話を聞き、時には古い文化資源に触れる体験をする。このような地域での学びを通して、子どもたちは芸能などの文化資源との関わりを持つこともできる。しかし、その取り組みの歴史は浅く、まだ大学生には成果として十分に顕われてはいないように感じている。

さて、地方には国や自治体が指定する無形民俗文化財として保存されてい

る各種の芸能があり、その中に伝承踊りが多数存在する。その伝承踊りのほとんどは、地域に愛され、深く根付いている。しかし、全国的な人口減少、過疎・高齢化、地域産業の衰退の影響はここにも及んでおり、特に保存・普及・伝承に数多くの課題を抱えている。

　人と人の繋がりを維持し、集落の記憶を作ることができる伝承踊り・・しかし、消えていくもの、廃れていくものも多い。そのような衰退の危機にある伝承踊りを立て直すことに成果を上げている集落もある。山形県の山あいの集落、綱木（つなぎ）集落である。TV番組「報道特集」(1)において、この綱木集落の獅子踊りの取り組みが紹介された。高齢化が進み、64歳が最年少の綱木集落。しかも現在、人口がわずか4人になった、いわゆる限界集落である。この番組は「人口減少社会で伝統芸能をどう伝えていくべきか」をテーマに切り込んでいく。この獅子踊りは集落に残された平家の残党から伝わるとされる貴重な文化資源であり、この文化資源をいかに守り伝承していくかを追っていく。特筆すべきは、綱木集落4人の住民とその支援者が、獅子踊りを集落の証＝心の拠り所＝アイデンティティとして守り続けようと数々の挑戦を続けた点である。さらに、住民だけでなく、在住していない集落の出身者や地縁のある人々が心の拠り所としての獅子踊りの価値に気づき、徐々にサポーターとなって獅子踊りの存続に力を合わせて取り組む姿が描かれている。綱木集落在住者とその人たちを支える人々は、獅子踊りの「ありのまま」から「進化」への挑戦を繰り返す。番組の中では獅子踊りの伝承に綱木集落の人々が取り入れた新しい主な方策を次のように紹介している。

　　＜獅子踊り伝承の新しい方策＞
　　　①獅子踊りを短くする
　　　②外に人を求める
　　　③練習場所を集まりやすい場所に設定する
　　　④女人禁制を解く
　　この4点である。

　綱木集落が新展開に踏み切る過程において、厳格な保存を主張する側との対立や伝承者の複雑な心の葛藤が生じている。しかし、人口4人、綱木集落にはもう迷っている時間がなかった。4人全ての住民が高齢者という綱木

集落「獅子踊り」は、ありのままではなく、進化を選ぶ必要が迫っていた。その結果、近年、綱木集落の獅子踊りの日に、集落に戻る人と訪れる人が着実に増加し、再び老若男女が集う祭祀に戻った。綱木集落の人々は数十年、あるいは未来永劫、綱木集落の心の拠り所、すなわち地域アイデンティティとしての獅子踊りを残すために、時代を生き抜く進化を遂げたとも言えるだろう。

「ありのまま」か「進化」か？　今後、無形民俗文化財の将来を考えていく上で、各地の、特に過疎・高齢化が進む地域において、これは避けては通れない命題になっていくだろう。

さて、筆者の故郷である愛媛県は、東予・中予・南予の３エリアから成り、それぞれに特長ある地域固有の宝物＝伝統芸能を有している。中でも、現在、36件（2017年）の愛媛県指定無形民俗文化財が存在する。

今回、筆者が注目したのは、愛媛県の南予に位置する南宇和郡愛南町の山あいの人口300人未満の集落正木地区で、400年以上も伝承されている県指定無形民俗文化財（2）「正木の花とり踊り」である。近年、民俗学研究者や写真愛好家からも注目され、現地は交通の大変不便な場所にあるにもかかわらず、年に一度の祭祀には、その独特な魅力に惹かれ、県内外から根強いファンが訪れている。このように正木の花とり踊りは、正木地区の人々から、地域固有の祭祀として欠かさず演じられ、心の拠り所として愛されてきた。しかし、着実に人口減少、過疎・高齢化が進んでおり、前述の綱木集落と同様、衰退の危機や保存・伝承の困難さなど課題を抱えている集落でもある。

２．花とり踊り（愛南町正木）の概要

（１）愛媛県指定無形民俗文化財とは

文化財の定義について、一般には昭和25年に制定された「文化財保護法」において保護の対象として取り上げたものの総称として用いられ、「文化財とは、広義には人間の文化活動を通じて創り出された事物や事象のなかで文化的価値を有するもの」と定義づけられている。データベース「えひめの記憶」（3）では、「文化財保護法」は文化財の稀少性と優秀性に重点が置かれ、当

初の文化財の定義として、日本の歴史上または芸術上価値の高いもの　①有
形文化財（建造物・絵画・彫刻・工芸品・書跡・筆跡・典籍・古文書・民俗
資料その他と考古資料）　②無形文化財（演劇・音楽・工芸技術その他）　③
史跡名勝天然記念物（史跡・名勝および天然記念物）と規定していた。 その
後、昭和29年の「文化財保護法」第三次改正によって民俗資料が独立して
扱われるようになるとともに、史跡名勝天然記念物を一括して記念物に集約
することになる。さらに昭和50年7月1日には、法律第四九号において第
四次改正が加えられ、現行法規定としての文化財の定義が示されたのである。
文化財保護法の第二条では①有形文化財—建造物、絵画、彫刻、工芸品、書跡、
典籍、古文書その他の有形の文化的所産で日本にとって歴史上 または芸術上
価値の高いもの、並びに考古資料およびその他の学術上価値の高い歴史資料
　②無形文化財—演劇、音楽、工芸技術その他の無形の文化的所産で、我が
国にとって歴史上または芸術上 価値の高いもの　③民俗文化財—衣食住、生
業、信仰、年中行事等に関する風俗習慣、民俗芸能およびこれらに用いられ
る衣服、器具、家屋その他の物件で我が国民の生活の推移を理解するために
欠くことのできないもの　④記念物—貝塚、古墳、都城跡、城跡、旧宅その
他の遺跡で日本にとって歴史上または学術上価値の高いもの、あるいは庭園、
橋梁、峡谷、海浜、山岳その他の名勝地で日本にとって芸術上または鑑賞上
価値の高いものならびに動物、植物および地質鉱物で我が国にとって学術上
価値の高いもの　⑤伝統的建造物群—周囲の環境と一体をなして歴史的風致
を形成している伝統的な建造物群で、価値の高いもの　である。この規定が
都道府県および区市町村における文化財保護条例のなかにも、ほぼそのまま
に採用され、保護対象の文化財 が定義づけられていると解説している。愛媛
県においても、昭和28年12月25日「愛媛県文化財保護条例」が定められ・
県指定文化財を愛媛県指定重要文化財、同史跡名勝天然記念物、無形文化財
とし、昭和32年の改正で愛媛県指定有形文化財、同無形文化財、同民俗資
料、同史跡・同名勝・同天然記念物とし、昭和50年以降は国と同様に民俗
資料を有形・無形民俗文化財に分けるとともに、愛媛県選定保存を設けてい
る。今回取り上げている愛南町正木の「花とり踊り」は、平成12年4月18
日に愛媛県の選定による指定を受け、県指定無形民俗文化財となった。

（2）南予と祭祀

　愛南町正木地区が位置する南予は、愛媛県の中でも随所に特有の所縁のある地域資源の豊かな地域である。特に、古くからの寺社と祭礼が残っており、固有の文化を創出している。南予の人にとって祭祀は、神や先祖に祈る儀式や祝祭であるとともに、住民の結束を促進し、相互の信頼関係を培い、コミュニティに参加する存在として、今日まで地域協働に支えられながら保存・継承されている。多くの集落が先祖から受け継いだ大切な行事として、固有の文化としての祭祀を守り続けようとする地域性、それが南予のアイデンティティであるとも言われている。

図表1-1 愛媛県南予地方
（www.mapion.co.jp）

　一般的に、祭祀が地域に果たす役割について
　　⑴教育：子孫が、昔からの歌と踊りを口伝えで学ぶ
　　⑵教養：子孫が、作法や行儀、地域の歴史や習慣を学ぶ
　　⑶コミュニティ：子孫が、地域の一員としての自覚を持ち、地域社会と交わる
　　⑷神事：無病息災、五穀豊穣等地域の平穏と繁栄を祈る場を共有する
　これら4点を挙げることができる。

（3）愛南町　正木

　本稿で取り上げる「「正木の花とりおどり」は、愛南町正木地区の祭祀の踊りである。
　愛南町は、愛媛県の最南端南宇和郡に位置し、北は篠山から観音岳を経て由良半島に至る稜線で津島町と東は松田川支流の篠川で高知県の宿毛市と接

第9章 無形民俗文化財と地域社会　　181

しており、面積238.99 km²総人口21,060人（推計人口H29.4.1）の町である。南宇和郡の旧5町村（内海村、御荘町、城辺町、一本松町、西海町）が平成16年10月1日合併して一町になった。町名である「愛南」は愛媛県の南に位置し、ここに住む人たちが町と人を愛して、みんなが

図表1-2 愛南町正木地区周辺
（map.yahoo.co.jp）

仲良く助け合って元気な町になってほしいという願いが込められていると言われている(4)。

力を入れている祭りやイベントとして、遍路道を使ったイベント「トレッキング・ザ・空海あいなん」や毎年初夏に行われる「かつおフェア」と「御荘湾立て干し網」の2大イベントを一本化した「愛南大漁まつり」、泥田のサッカーコートで試合を行う県境篠山「どろんこサッカー大会」など年間を通して様々なイベントが開催されている。伝統芸能では、花とり踊り（正木、増田）、能山踊り（久良）のほか、鹿踊り、唐獅子、伊勢踊り（僧都）、俵ねり（緑）が地域インフォメーションの中でも挙げられている(5)。

山と海の両方に面した愛南町において、正木は宿毛市と接する山あいの地区で、人口は261人（※H29.8.31）(6)、主要産業は農業（水稲）・林業で高齢化率は46.74％（※H29.8.31）(7)と報告されている。

（4）愛南町と花とり踊り
①「増田のはなとり踊り」と「正木の花とり踊り」

愛南町には、現在2つの県から無形民俗文化財の指定を受けた、同名の踊りが現存する。「増田のはなとり踊り」（愛南町増田地区）と「正木の花とり踊り」（愛南町正木地区）である。愛媛県は、愛媛県指定無形民俗文化財記録(8)の中で、次のようにそれぞれの概要について解説している。

● 「増田のはなとり踊り」（南宇和郡愛南町増田）

　　　　　　　　　　　　　　　　保存団体　増田はなとり踊り保存会

解説：この踊りは、旧7月11日、増田の高山尊神の祭礼に安養寺の境内で行われる芸能で、風流綾踊り（ふうりゅうあやおどり）の一種であり、伊予、土佐に多く分布する太刀踊り（たちおどり）が一段と風流化（9）したものと言われる。演目は5段からなり、最初のさい払いは、山伏問答で、大峰の善久坊と寺山の南光院の掛け合いがある。南光院は、四国八十八ヶ所39番札所赤亀山延光寺の奥にある院のことである。踊りは、最初に高山尊神の供養、第2回目はちょぼし弥三郎兄弟の供養、第3回目は村の安全祈願、最後に護願解き（10）の踊りを踊って納める。踊り場は、境内に4本の杭を打ち、3間、4間にしめ縄を張る。太鼓1、鉦3の演奏で8人の踊り手（男性）5日前から精進潔斎（11）し、水垢離（12）、別火をとるが、太刀、鎌、青竹などを綾（13）に打ち合わせ踊る特色の濃いものである。

● 「正木の花とり踊り」（南宇和郡愛南町正木）

　　　　　　　　　　　　　　　　保存団体　正木花とり踊り保存会

解説：旧暦10月18日、篠山権現の祭礼日に、正木権現堂前、歓喜光寺境内、旧庄屋蕨岡（わらびおか）家の庭の3ヶ所で演じられている。採物踊り（14）である。はっきりした起源は不明で、土佐との関係から戦国時代に始まったという説、村人が花賀（はなが）という悪者を花とり戦術を使って討ち取り、その後、花賀の霊を慰めたという説、山伏の修験道芸能が念仏踊り（15）に変化したなどの説がある。踊りは、踊り手成人（男性のみ）12人、鉦叩き2人（男性のみ）、太鼓叩き少年2人により演じられる。踊り手は着物に獅子模様のついた野袴、鎧、篠山権現の紋章のある陣羽織をつけ、赤鉢巻・手甲・脚絆をし、素足に草履を履く。踊り場には約10メートル四方にしめ縄を張り、その中央に長さ4メートルの黒幟（くろのぼり）と紙幟（かみのぼり）を1本ずつ立てる。踊り手はその幟を中心にして、円陣を組み、鉦打ちと太鼓は外側に位置し、住職が踊り場を水で清め、「たいか、いかづちの如くにして、大いなる雲の如し、甘露の法を注いで煩悩の炎を滅却する」と3回繰り返し、踊りが始まる。最初に円陣になった12人の踊り手の中から、2人が中央の幟に向かって踊り、これを「イ

レハ」という。その後、12 人全員が長刀踊りを踊り、最後は踊り手が大
太刀 6 人、鎌 6 人に分かれ、向かい合って斬り合うように踊る。この踊
りは、歌詞も踊りも古風で、柔と剛の交錯する優美さが感じられる。

②正木の花とり踊りの由来

　本稿で主に取り上げる正木の花とり踊りは、無形民俗文化財として県指定
を平成 12 年に受けているが、増田の「はなとり踊り」は、それよりも早く
昭和 40 年 4 月 2 日県無形文化財、昭和 47 年 8 月 5 日（国選択、国・記録
作成等の措置を講ずべき無形の民俗文化財）昭和 52 年 1 月 11 日県指定替
えで県指定無形民俗文化財指定を受けている。

　正木花とり踊りの由来について、前述の解説で起源は不明としながらも
諸説が述べられていた。花とり踊りは、南予の一部と高知県（土佐）一円で
踊られており、発祥は土佐、南予と土佐で限定的に踊られている。中でも最
古の形を残しているのは、正木の花とり踊りと言われている。「一本松町史」
（1979 年刊行）によると増田の「はなとり踊り」の歌は、「正木の踊りの歌詞
から習った」という説があることから、増田の踊りよりも、正木の踊りは古
い時代から始まったと考えられている。しかし、この点に関しても明確な資
料が残されているわけではない。このように起源や伝承について「戦国時代
に始まった」という説や、村人が「花賀（はなが）という賊を花踊り戦術を使っ
て討ち取り、その後花賀城主の霊を慰めた」「花とりの花は、神仏に供える花、
シキミ、サカキ、ツツジ、シャクナゲ等、これらの花を取ることから花とり
踊りの名がついた」などの諸説が、決定的なものがないまま、混在している。
これは、各時代や各地において、人々が想像を膨らませ、その地に纏わる諸
説を生み出し、語り継いできた花とり踊りの自由な一面と言えるだろう。

3．正木の花とり踊りの魅力
〜 400 年間続く祭祀の踊りと地域アイデンティティ〜

（1）現地調査（フィールドワーク）

　本研究では、現存の正木花とりおどりの概要、現状と課題についての知見
を得るためにフィールドワーク（以下 FW と示す）を行なった。

調査日時：2016 年 11 月 16 日〜11 月 17 日、両日 8:00-17:00
　　　　　　正木の花とり踊りの実演は 11 月 17 日 10:00-12:00
調査場所：愛媛県南宇和郡愛南町正木地区
　　　踊り：歓喜光寺権現堂、歓喜光寺境内、旧庄屋蕨岡家の 3 箇所
　　　　＊歓喜光寺は曹洞宗の寺
調査目的：現存の正木花とりおどりの概要、現状と課題についての情報収集

写真 1-1 歓喜光寺（筆者撮影）

写真 1-2 正木地区あいなんバス停付近風景
（筆者撮影）

（2）結果と考察

　正木の花とり踊りの概要について、FW で収集した画像、映像、聞き取りと「一本松町史」（1979 刊行）等の記録 (16) を照合しながら、次のような知見を得た。

①正木の花とり踊りの踊り場の形態

　　正木の花とり踊りは、3 回場所を変えるため、踊り場の設営は非常に簡単で、五間 (17) 四方で四隅に竹を立てしめ縄を張る。中央に白黒 2 本の側が立てられ、白い方には「元笹山大権現奉前奉修、花取踊法楽最修修抜」と書かれている。移動するときには踊り手の手伝いの住民がそれらを持って、歩いて移動する。

第 9 章 無形民俗文化財と地域社会　　185

②踊りの人数と装束
　○踊り子は、青年・成人男性12人、衣装、赤手ぬぐいの鉢巻、股引、脚絆、
　　手甲、鎧、草鞋
　○鉦叩きは、中老・高齢者3人、衣装の上に陣笠・陣羽織を着用している。
　○太鼓叩きは、子供1人男児　衣装は女児用の着物と鉢巻
　　計16人、これが「一本松町史」に記載されている内容で、伝承されて
きた編成と装束のスタンダードな姿である。
　しかし、今回の平成28年度の花とり踊りの調査では

写真2-1　正木花とり踊り保存会（筆者撮影）

●踊り手は、青年・壮年男性 11 人、衣装、赤手ぬぐいの鉢巻、股引、脚絆、手甲、鎧、草鞋

写真2-2 踊り手と衣装
（筆者撮影）

写真3-1 しめ縄と幟
（筆者撮影）

写真3-2 幟（筆者撮影）

写真4 和尚お清めとしめ縄・幟
（筆者撮影）

●鉦叩きは、中老・高齢者3人、衣装の上に陣笠・陣羽織を着用している。
●太鼓叩きは、子供男児2人、衣装は女児用の着物（女装）と鉢巻計16人

写真5 鉦叩き（筆者撮影）　　　写真6 太鼓叩き少年
　　　　　　　　　　　　　　　　　　（筆者撮影）

　「一本松町史」の記録と平成28年のFW結果を比較すると、踊りを構成する保存会員数は同数だが、役割と踊りの編成は異なる部分があり、保存会のメンバーの年齢構成によって、役割と踊りの編成は流動的であることがわかる。装束は「一本松町史」にも示されているものと同じで、変わらず同一の装束が伝承されている。また、今回の調査でも、女子・女性がしめ縄の内側に入ることは許されず、また女子・女性が奏者、踊り手とともに出演者になることはない。このように、女人禁制の風習は続いていた。現在も、正木の花とり踊りでは、女子・女性の参加は、観客として、しめ縄の外で見ることにだけに限定されている。

③手具
　　踊りは、長刀、大太刀、鎌を使用する。これらの手具は、独特の装飾が施されている。踊り手は、神仏に供える花、シキミ、サカキ、ツツジ、シャクナゲ等をイメージした花飾りを施した長刀、大太刀、鎌を操りな

がら舞い踊る。この太刀踊りが、正木の花とり踊りの最大の見せ場とも言われる。この装飾を施した手具の独創性も、正木の花とり踊りが住民に先祖とのつながりを想起させる、心の拠り所＝地域のアイデンティティを形成する重要なファクターであると言えるだろう。

写真7　長刀で踊る（筆者撮影）

写真8-1　花飾りを施した刀と鎌
（筆者撮影）

写真8-2　花飾りの長刀
（筆者撮影）

④踊りの順序

　花とり踊りで演じられる踊りについて、FWと「一本松町史」を照合しながら、踊りの順序を図表2-1から2-7のように示した。

図表2-1：踊りの順序1

和尚の念仏、和尚が水で踊り場を清める。念仏を3回唱える。念仏「たいか、いかづちの如くにして、大いなる雲の如し、甘露の法を注いで、煩悩の炎を減除する」

鉦打ち　唄う。歌「あー、ここあげよ、やあまんおとりしいてや、あけずわ、の一ぼりはねこえ」

図表2-2：踊りの順序1

踊り　最初　人が長刀で9種踊る。主太刀　人、鎌　人で斬り合い9回ずつ

和尚の念仏「いんよう、なむおみどんよう、なむおいどう、まむおぐい」

3種の踊りをいれる。「ムトウ、フルムクイ、サカテ」

図表2-3踊りの順序2

鉦打ち　唄う。「ぜんこうぜは、まんのてきき、おささよりまえに、えをかくおさもじれや、へもじれば、おるはてんばち、ねのにはならぬ。」

3種の踊りをいれる。「キリツケ、オリキシ、ヌケアシ」

図表2-4踊りの順序2

鉦打ち　唄う。とろとろと、けえあんあねこや、しいてやたけのね、おほるはらまずめ、うまずめはたあけんげのねよ、おおるねから、おんなこにやじゃになれ、じゃになろうとひんじゃにになるなれよ、どくじゃになりて、とくにとおれ」

図表2-5踊りの順序2

3種の踊りをいれる「ナガミセ、クルマ、エブリ」

鉦打ち　唄う。「ひけひけよ、けえあんねこや、ううすやばんばあとおろせや、こばのさや」

以上を長刀で踊る。

9通り違うことを行う。

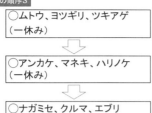

　和尚の念仏や鉦叩きの唄の歌詞と意味について、動画を撮影したが、口伝えの古風な言葉であるため、聞き取りが難しく、正確な情報は得られなかった。しかし、一本松町史に念仏と言葉が一部残されていた。その一つ一つの意味は記されていないが、その由来から意味として、花賀城主の霊を慰めるための念仏や言葉であることが推察される。この古風な言葉遣いと穏やかな声質の念仏や言葉が、正木花とり踊り独特の魅力と評される「柔と剛の交錯する優美さ」を形成していると考えられる。

　保存会のメンバーの聞き取りから、正木花とり踊りは、これまで雨が降って実施できなかったことがないそうだ。しめ縄を張った中で、12人の奏者と刀や鎌を踊る踊り手、幟運び手が、細い山道を登り下りしながら移動する。踊りは、正木権現堂前の次に歓喜光寺の境内、そして最後は寺のすぐ隣にある旧庄屋・蕨岡家の3カ所で踊る。1ヶ所目の権現堂前が、一番長く踊られる踊り場である。しかし、この篠山権現前に向かうためには、1人がようやく通れるほどの狭い道幅で、さらに上りの細道（石段あり）があり、15分程度かけて登らなければならない。健康な成人であれば問題はないが、体力のない人、病弱な人、故障のある人、身体的な障がいのある人、高齢者にとって、権現堂前にたどり着くことは体力的にかなり厳しい。権現堂前での踊りを終えると、細道（石段あり）を今度は下り、歓喜光寺の境内へと場所を移す。歓喜光寺境内が最も広い踊り場で、ここに最も多くの観客が集まる。幟を立て、しめ縄を張り踊り場の設営が整うと、和尚の水のお清め、念仏があり、踊りが始まる。歓喜光寺での最後の踊りでは、踊り手が大太刀、鎌に分

かれ、向かい合って斬り合うように踊る。2ヶ所目の歓喜光寺での踊りを終えると、最後の3ヶ所目の旧庄屋蕨岡家へ。ここには「戸立てずの楠」と呼ばれる二本の楠の樹があり、踊り手はその樹の下で踊る。篠山権現の神霊が、最初にこの蕨岡家の楠に宿ったため、蕨岡家は篠山権現の神霊の加護により繁栄したという逸話から、蕨岡家は「戸立てずの庄屋」として有名になったとも言われている。

写真10 歓喜光寺前（筆者撮影）

写真9 権現堂への細道（筆者撮影）

4．正木の花とりおどりの現状と課題
（1）「正木の花とり踊り」と地域協働

　正木の花とり踊りは、踊り手と鉦叩き、太鼓叩きを実際に行う「正木花とり踊り保存会」が運営母体であるが、欠くことのできない地域協働として、①行政＝愛南町役場（生涯学習課、教育委員会）　②地域支援者＝花とり踊りのかつての踊り手や鉦叩き、太鼓叩き経験者等踊りをよく知るOB　③歓喜光寺　が挙げられる。保存会会員で踊り手を務める愛南町役場の職員もいるため、保存会と役場との情報交換・共有が円滑に行われている。また、愛南町ケーブルテレビが地域の季節のトピックスとして「正木の花とり踊り」

を取り上げるなど情報発信をサポートしている。

(2) 地区外から見た正木の花とりおどり

　踊りの当日には、50〜60人の正木地区住民の観客の他に、ネット上で、例えば「県境の小さな集落で行われる晩秋のイベント」として紹介されたこともあり、20人ほどの地区外の一般の観客（写真愛好家・フォトクラブ、無形民俗文化財研究者など）が訪れていた。このように近年インスタグラム、YouTubeの画像や動画、ブログにも正木の花とり踊りは取り上げられており、それらの中で、正木の花とり踊りの魅力として、大型のイベント化した祭り・踊りにはない次のような点が挙げられている。

① mystery：密教感・秘境感がある
- 正木地区では、町営の巡回バス (18) が唯一の公共交通機関で民間交通機関はなく、非常に行きづらい場所にある。高知県宿毛市に隣接し、途中県境を目にすることができる。人口261人 (H29)、コンビニも地区にはない。篠山を望む、山あいの静かな小さな集落である。常設の踊り場が作られているわけではなく、見る人は踊り手・太鼓・鉦叩きの人たちを追うように移動する。最初の権現堂前の踊り場は、細道を通り、篠山に入る。人気（ひとけ）のない木が生い茂る先に、ぽつんと狭い権現堂前の空き地がある。そこに簡易な幟と木々の間にしめ縄を張っただけの踊り場を作る。観客席もなく、現地を案内するガイドもいない。観光地を目指す仕掛けなどが一切ない、見たい人だけが自由に訪れる祭祀である。正木の花とり踊りの由来で述べたように、由来も諸説があり、その点についても謎が多い。

写真11-1　休憩時間の観客の様子
　　　　　（筆者撮影）

② history：由緒ある
  ・篠山、正木権現堂、歓喜光寺、旧庄屋蕨岡家の地域の歴史を代表する場所や建造物が主たる踊り場であることから、地域の歴史と共に生きた姿を垣間見ることができる。新しい大型化した祭り踊りにはない古風な言葉づかいの念仏と唄、踊りの型や独特の手具に400年前と言われる踊りの長い歴史の香りが込められている。
③ simple：素朴さ
  ・幟としめ縄だけの舞台、太鼓と鉦と歌だけの音楽、ゆったりとした動き、踊り手の表情や仕草は「素」であり、超技巧的な動きや、派手な所作、奇抜な表情・メイク等は一切使わない。400年前の風情と地域の祭祀としての役割を「素」のまま残し、現代的な観客向けのアレンジなど加えていない。
④ gently: 穏やか
  ・長刀・大太刀・鎌を使用しながらも、パステル調の花の装飾が施されている。手具や衣装に煌びやかさや派手さはない。踊りの中の動きも、激しい動きや猛々しいものはなく、動きのスピード自体がゆったりとしている。また念仏や歌の声質、声量が優しく、テンポもゆるい。

5．おわりに：
無形民俗文化財への期待 ～ありのままと進化～

　正木の花とり踊りは、地域の神事・祭祀として、地域の人々に深く根付いている。祭祀の儀を催すための踊り場の設営、鉦・太鼓・歌・踊りの形態は、400年前からほぼ変わらないまま保存されている。しかし、念仏や歌詞の持つ意味や所作の詳細を示す記録が乏しく「一本松町史」以外、確かな資料が見当たらない。その中で、踊りの型や鉦太鼓演奏、歌が記憶・口伝えによって、代々引き継がれてきたことに、驚きと共に、正木地区の人々の郷土愛と地域アイデンティティを感じる。1年に1度執り行われる晩秋の祭祀、わずか半日のこの踊りが、先祖とのつながり、歴史とのつながり、この土地と人とのつながりを再現する貴重な機会であり、心の拠り所＝アイデンティティ

であることがわかる。正木の花とり踊りは、正木地区の人には周知の祭祀であるが、正木地区以外の人にはあまり知られていない。また、踊りの日であっても、観客席を用意しない、プログラムのような資料もなく、現地を案内するガイドもいない。つまり、地区外からの観客を特に想定したサービスはなく、見たい人たちが自由に訪れる祭祀である。祭祀としての機能を重視して、執り行われる点に「ありのまま」が残されている。

　今回の現地調査を通して、正木の花とり踊りの魅力を再発見するとともに、一方で、直面している課題も見つかった。それは、地方の無形民俗文化財の多くが直面している課題「伝承に関わる人の減少と高齢化」、「踊り手の量と質の維持」、「保存のための団体の維持の難しさ」が、正木の花とり踊りにも存在する点である。閉じた形で長年受け継がれてきた無形民俗文化財の多くは、特に先ほどの課題を生じやすい。無形民俗文化財の担い手たちは、「ありのままを受け継ぐ」だけでなく、これからは、①祭祀の形骸化を防ぐための努力　②義務感ではなく、伝承者としての誇りと高いモチベーションを維持すること　③世代を超えて愛され、支持される祭祀であり続ける工夫ができること　が求められるであろう。

　最後に、今回取り上げた花とり踊り、そして各地方に存在する諸々の無形民俗文化財について、本稿の最初に事例として挙げた綱木集落の民俗文化財「獅子踊り」を思い出しながら、あくまで私見ではあるが、展望を述べる。

　正木の花とりおどりは、地域の安全祈願・五穀豊穣を祈る祭祀、行動伝承としての民俗芸能として長年の歴史を重ね、保存会・地域住民参加の地域協働による共創的価値をもつ文化財である。また愛媛県から無形民俗文化財に指定され、その民俗・文化的価値と保存の重要性も認められている。一般的な観光化された芸能ではないため、地域外での知名度は低いが、大型のイベント化した祭り・踊りにはない魅力① mystery：密教感・秘境感がある ②history：由緒ある ③ simple：素朴さの「魅力」が評価されている。

　しかし、正木地区の場合、現在人口 261 人、高齢化率約 46％、すなわち人口のうち子供・若者・成人が少ない厳しい状況の集落である。保存会のメンバーが心配しているように、正木の花とり踊りの後継者と花とり踊りを確実に伝承していく方法が、直近の課題になっている。正木の花とり踊りは、

写真 11-2 休憩時間の観客の様子
（筆者撮影）

踊りの手と鉦・太鼓奏者が少年・男性に限定されるため、さらに出演する保存会のメンバーを確保することが難しい状況にある。また、正木権現堂前、次に歓喜光寺の境内、最後は寺のすぐ隣にある旧庄屋・蕨岡家の3カ所で踊るため、この権現前に向かうには、1人がようやく通れる程度の狭い道幅の急な坂道を15分近く上り下りするなど、踊り場の立地条件が厳しく、高齢者や身体に故障や障がいのある観客が訪れるには、明らかに不便である。正木地区の高齢化率の高さから、今後増々高齢者の観客が増えることが十分予想され、これはより深刻な課題になっていくだろう。また、正木地区までの交通アクセスの少なさは、地区外の人が訪れにくい理由にもなっている。さらにわずか1年に1日2時間の上演であるため、地区外の人が見るために訪れるには、上演回数が少ない。例えば1ヶ月間通して毎週1回実施する祭祀、もしくは土日2日間の通しで行われる祭りであれば、状況は好転していくかもしれない。

　先に紹介した綱木集落の民俗文化財「獅子踊り」を、もう一度思い出してみよう。綱木集落4人の住民は、進化を選択した結果、従来の伝承方法と実施体制を修正して、

　　①獅子踊りの演じる長さを短くする
　　②後継者を外に人を求める
　　③練習場所を集まりやすい場所に設定する
　　④女人禁制を解く

この4点の修正で、綱木集落は、最も深刻な課題であった「獅子踊りを残すこと、そのための後継者育成」「祭りの日に人を集落に戻すこと」について、今、解決の方向に進んでいる。

各地の無形民俗文化財の多くが少子高齢化、過疎化、集落の衰退の中で、存続の難しさに直面している。今回取り上げた正木の花とり踊りが決して消滅しないように、再興のための、あるいは地域の活性化に繋がるための「ありのまま」から「進化」へ、その手立ての検討に向かうことを期待している。

写真12 正木にて、あいなんバス停付近
（筆者撮影）

注

（1）「報道特集」TBSテレビ制作番組　2017.9.30放映
（2）「愛媛の国・県指定無形民俗一覧表」https://ehime-c.esnet.ed.jp
（3）愛媛生涯学習センター　データベース「えひめの記憶」www.i-manabi.jp/
　　えひめ、昭和の記憶、ふるさとの暮らしと産業Ⅴ—愛南町—（平成25年度ふるさと愛媛学、普及推進事業）を参照
（4）愛南町公式HP www.town.ainan.ehime.jp/
（5）愛南町公式HP www.town.ainan.ehime.jp/
（6）-（7）現在の人口と主要産業、高齢化率については、愛南町役場から平成29年8月31日データを提供頂いた。
（8）愛媛県指定無形民俗文化財記録は「愛媛県の文化財」及び、国県指定文化財一覧に掲載されたデータを参照。愛媛県教育委員会　ehime-c.esnet.ed.jp
（9）風流とは趣向を凝らした作り物に発し、祭礼での様々な作り物、これに伴う音楽舞踊などを指し、風流化とは風流の要素を取り入れ風流に向かうこと、風流になることを意味する。
（10）護願解き　神仏に祈願がかなった礼参りをすること
（11）精進潔斎（しょうじんけっさい）肉・魚の類を口にせず、飲酒・性行為を避けて、心と体を清らかな状態に保つこと

(12) 水垢離（みずごり）神仏に祈願するときに冷水を浴びる行為のことで、水行ともいう。

(13) 綾（あや）斜めに交差させることを意味する言葉

(14) 採物踊り　採物は祭祀で神職が手にもつ道具や舞う時に手にもつものを意味し、そのような道具を手に持つ踊りを採物踊りという。

(15) 念仏踊り　念仏や和讃の唱文を唱え、太鼓、鉦などで囃しながら踊る舞踊

(16) 一本松町史（1979）www.shikoku-saigai.com
市町史誌（昭和54年）www.ehimetosyokan.jp

(17) 5間　一間は約182㎝、従って5間は約910㎝

(18) 歓喜光寺付近は民間の公共交通機関がなく愛南町の巡回バス「あいなんバス」が運行している。「あいなんバス」一本松方面は火曜日木曜日土曜日・2便、小山・正木・中川・満倉線として巡回している。

参考文献

牛山眞貴子（1990）踊り念仏考　愛媛大学教育学部保健体育教室論集8号 p43-48

西形節子（1988）日本舞踊の世界　（株）講談社 p28-29

加藤参郎（1983）まつりと芸能の研究「祭礼と芸能との関わり」p492-494

三隅治雄（1983）まつりと芸能の研究「行動伝承としての民俗芸能」p495-510

データベース「えひめの記憶」www.i-manabi.jp/　愛媛生涯学習センター　2017.9.30

一本松町史（1979）www.shikoku-saigai.com　p1052～p1056 愛南町役場生涯学習課　2017.9.30

市町史誌（昭和54年）www.ehimetosyokan.jp 愛媛県教育委員会　2017.10.20

愛南町公式HP www.town.ainan.ehime.jp/　愛南町役場生涯学習課　2017.10.20

愛媛の国・県指定無形民俗一覧表　ehime-c.esnet.ed.jp 愛媛県教育委員会 2017.10.15

第 10 章

伝統的な祭りにおける変容と発展
― 乙亥相撲の内容と運営の変遷に着目して ―

林　恭　輔

1．はじめに：愛媛県内の奉納相撲

　テレビで放映される大相撲は、日本相撲協会の定款で「太古より五穀豊穣を祈り執り行われた神事（祭事）を起源」としているように、相撲は、村落社会における神事と深く結びついて発展してきた。愛媛県内の民俗行事をみても、今治市大山祇神社の一人角力や宇和島市八幡神社の卯の刻相撲、西予市愛宕神社の乙亥相撲など、現在でも祭りのなかに相撲をみることができる。また、村落内の社寺で行われた奉納相撲の記録には、四国中央市土居町天満の花相撲や川之江市妻鳥の三皇相撲、今治市宮窪町の若宮相撲、松山市井門町の白山相撲、久万高原町下直瀬の堂山相撲、八幡浜市国木の池之成相撲、愛南町緑の八朔相撲などがあり、県下全域で相撲が行われていたことがわかる(1)。しかし、こうした県内の奉納相撲を巡ってみても、その殆どが、かつてのような賑わいはなくなり、衰退もしくは消滅している。

　奉納相撲は、一般的に神社境内や付近の広場に土俵を設けて人々が力を競い合うが、なかには競技をしない儀礼的な相撲もある（山田、1996）。例えば、大山祇神社の一人角力は、旧暦5月5日の御田植祭と9月9日の抜穂祭の神事に組み込まれており、稲の精霊と相撲をとることになっている。こうした相撲は、俗に神事相撲と称され、神霊を招いて、幸福を祈願したり、祈願成就を感謝したりする祭りのなかで行われる。相撲は祭りの儀礼の一部となっていることから、所作が厳重に守られ、その運営は村落内の古い祭祀組織と限られた人々によって担われてきた。一方で、多くの社寺などで行われる力を競い合う相撲は、宮相撲や余興相撲などとよばれ、祭神に対して相撲

の取組そのものを奉納するとともに、祭りに参加する人々の娯楽としての要素をもちあわせている。こうした祭りは、比較的多くの力士役を必要とすることから、その運営を地域内の組織としながらも、近在の人々を受け入れることによって維持されてきた。そのため、祭りの存続は、過疎化や少子高齢化、生活の多様化といった社会変化の影響をうけやすいと考えられる。

これから取り上げる西予市野村町の乙亥相撲は、上述した力を競い合う相撲であるが、始まりから 160 年以上経った今も毎年盛大に開催されている。祭りの見所は、一般実業団および大学生の有名アマチュア選手と大相撲の若手有望力士の取組で、今日においては国内で唯一のプロ・アマ対決となっている。また、祭りの 2 日間で参加する力士はおよそ 200 名で、観客は 3000 人に達するともいわれており、全国的にみてもその内容・規模ともに希有な祭りになった。乙亥相撲は、如何にして維持・発展してきたのだろうか。本稿では、祭りの内容と運営に着目して、その変遷を概観していくことにする。

2. 野村町の概要

野村町は、西予市東部の山間地に位置し、四国カルストの源氏ヶ駄馬（標高 1400m）をはじめとする急峻な山々に囲まれた地域である。東西約 41km、南北約 16km と東西にながく広がっており、総面積 187.60km^2 のうち、林野が 78%、農地が 12% を占めている。県庁松山市まで約 80km の距離があり、長年にわたり都市部との交流に乏しい地域であった。しかし、2000 年に松山自動車道・大州インターチェンジ、2004 年に四国横断自動車道・西予宇和インターチェンジの開通により所要時間は短縮されるようになった。

（1）町の沿革

野村町は、乙亥相撲の始まりとされる藩政時代後期に宇和島藩十組の野村組二十二か村の一部であった。

明治に入って、この地域は、東宇和郡に属すことになり、明治 23 年の町村制施行時には、野村、阿下、釜川、片川を合併して東宇和郡野村となった。大

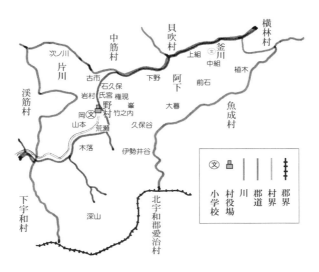

図1　旧野村地図　（野村誌(1911年)掲載の地図を修正）

字野村は、その中央に位置し、町（上の町、中の町、新町）、中屋敷、荒瀬、山本、岡、古市、木落、竹の内、上氏宮、下氏宮、石窪、峯などの敷組に分かれていた。同地域の中心部を流れる肱川（旧宇和川）の東西に分けてみると、東には氏宮、竹の内、石窪、峯などの組があり、西には町、山本、中屋敷、岡などの組があった。また、大字阿下は野村の北東に位置し、大字釜川はさらにその北東に、そして大字片川は野村の北西に位置し、それぞれにいくつかの敷組に分かれていた（図1参照）。その後、大正11年には町政を施行して東宇和郡野村町となった。

昭和28年の町村合併促進法の成立により、昭和30年に野村町、渓筋村、中筋村、貝吹村（一部を除く）、横林村（一部を除く）、惣川村の6ヶ町村が合併し、新しい野村町が誕生した。さらに、平成16年の市町村合併時には、東宇和郡の明浜町、宇和町、城川町と西宇和郡の三瓶町とともに西予市に属することになった。

本稿では、明治23年以前の野村の区域を「大字野村」、明治23年から昭和29年までの野村町全域を「旧野村」、それ以降に合併してできた野村町を「野村町」と表記して区別する。

第10章 伝統的な祭りにおける変容と発展　201

（2）人口

　旧野村の人口の推移をみると、明治24年の4,000人から徐々に人口は増え続け、昭和30年には大戦後の人口増加で8,600人を超えている。昭和40年代まで人口は増加し続けるが、昭和50年代には減少に転じていった。また、野村町全体でみると、昭和30年合併当時の人口は22,568人であったが、昭和40年から50年の高度経済成長期に約5,200人が流出した。その後も人口は一貫して減少を続け、平成27年には8,856人と1万人を下回った（図2参照）。

　野村町の年齢別人口をみると、昭和30年から昭和60年にかけて、15-39歳の若者層が4,591人も減少している。その影響もあって、年少人口（0-14歳）は、昭和30年8,345人から昭和60年2,647人へと約1/3まで減少した。その反面、高齢者（65歳以上）の割合は、6.8％から16.7％に上がり、平成7年には20.7％に達した。平成27年の年齢別の人口構成は、0-14歳854人、

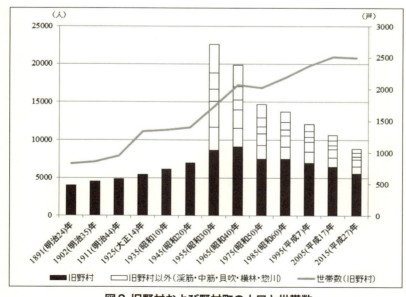

図2　旧野村および野村町の人口と世帯数
野村郷土誌（1964年）および野村町誌（1997年）、西予市人口統計資料をもとに作成

15 〜 64 歳 4,355 人、65 歳以上 3,647 人となっており、高齢化率は 41.2 ％になっている。県平均（0-14 歳 12.4 ％、65 歳以上 30.6 ％）に比べて、少子高齢化が顕著である。

なお、西予市は市制施行時から過疎地域に指定されている。

3．乙亥相撲の変遷

乙亥相撲の歴史は、野村町の広報誌と平成 11 年度地域文化調査報告書、愛媛県相撲連盟乙亥大相撲資料をベースに記述する（2）。

（1）乙亥相撲とプロ・アマ対決の始まり

乙亥相撲の始まりは江戸時代後期に遡る。1852（嘉永 5）年 6 月 25 日、この地域は大火に見舞われた。肱川（旧宇和川）の東に位置する野村の氏宮集落から出火し、上氏宮、下氏宮、石久保、さらには阿下村の権現の四つの集落がほぼ全焼した。総罹災戸数 100 戸、棟数 260 棟という惨事であった。当時の地域住民は、天明の頃より度々大火に見舞われており、そうした災禍を神仏のたたりとして恐れていたといわれている。そこで当時野村の庄屋であった緒方惟貞は、この年の 10 月に愛宕神社を建立し、防火・火伏せ・火除けの神を祭祀した。それ以後 100 年にわたり、旧暦 10 月の乙亥の日に三十三結びの相撲を奉納して、火難除災を祈願することになった。

いつの頃からか、この奉納相撲は肱川を境に東方と西方に分けて競い合うようになり、大正期にはいると、東西両地区の有志が競って強い力士を招待し始めた。その背景には、当時この地域で盛んであった養蚕の作柄を乙亥相撲の勝負に賭けて、力士の勝った地域の作柄が良いという、験担ぎがあったといわれている（3）。この競争の高まりは、乙亥相撲へのプロの登場に結びついていく。大正 10 年頃にある家主が松山市から元プロの高之浜という力士を招き、もう一方はそれに対抗してプロの虎林という力士を招待しており、これがプロ・アマ対決の始まりとされている。昭和 10 年頃には、野村町三嶋の材木屋が元プロ力士である豊後洋と宮錦という二人の力士を招待し、いずれの力士も乙亥の二十日程前に自宅へ招いて寝食を共にしながら稽古に励

んだという。このように大正から昭和初期にいたっては、この地域で資産をもつものが、各地で名の通った相撲取りや元プロ力士などを呼んで、祭りの何日も前から家に抱えていたのである。

　藩政時代に庄屋の主宰で始まった祈願相撲は、明治時代になってから野村専務区長会に引き継がれて奉納されてきたといわれている(4)。また、昭和初期の相撲の取組数は、三十三番をゆうに超えていたといわれている。しかし、昭和20年以前の資料の多くは戦災で消失しているため、祭りの運営や三十三結びの取組について不明な点は多い。

(2) 戦後の乙亥相撲

　祈願相撲として始まった乙亥相撲は、昭和26年に満願を迎えることになったが、その後も地域の年中最大行事として続けられるようになった。この頃の乙亥相撲は、秋祭りとの合併を主張する住民もいるほど、各家で大きな出費を要するものであった(5)。また、戦後まもなく遊びの少ない時期に相撲は娯楽として盛んであって、強い力士の参加する乙亥相撲は地域外からも注目を集めていた。祭りの日には、町外や県外、特に高知から大勢の人が集ま

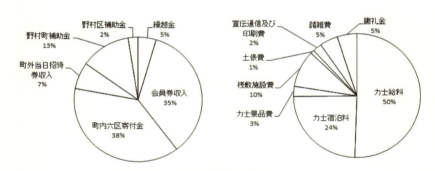

図3 昭和29年度 乙亥相撲の収支内訳

昭和29年12月15日『町の新聞』をもとに作成。町内六区は、乙亥相撲会場となる町の中心地で、中屋敷・新町・本町一〜三丁目・愛宕・三島をさすと思われる。会員券は一口50円と推定され、入場料に相当すると思われる。収入総額は 395,429 円になっている。当時の一年勤続者の平均給与は年間 205,000 円（国税庁民間給与実態統計調査）であり、運営費はその約2倍に相当する。

り、露店も多く立ち並んだ。祭りは、住民にとって買い物をしたり家に客を招いたりして過ごす日でもあり、商人にとって年のかき入れ時になる重要な催し物でもあった。

　祭りの運営についてみると、昭和20年前後の数年間は青年団と地元住民によって相撲を奉納したが、昭和22年頃に野村専務区長会が再び祭りの主催者となった。昭和30年の町村合併以降も、主催は専務区長会であり、その運営主体は大字野村区で、商工会が事務局として運営を支援した。運営資金は大方を町民の寄付と町の補助金で賄っており、特に大字野村の商業地区で多くの寄付が集められた（図3参照）。祭りの準備は、専務区長会を中心に町長や商工会役員、嘱託員などと打ち合わせて、乙亥相撲協会を結成して進められた。そのほかにも、専務区長から依頼を受けて、土俵・桟敷を造って入場料の徴収を仕切る責任者や力士の招聘・宿・給金などの世話から相撲の取組・進行などの一切を仕切る責任者がいた。力士の招聘や相撲の盛り上がりを左右する取組表の作成は、特に難航するため、かつての地元力士や名

写真1　昭和30年頃の風景（乙亥会館展示資料）
土俵は緒方本家（かつての野村庄屋、現在の緒方酒造）下に作られていた。

士の協力を得て進められた。

　祭りは、2日間にわたって行われ、いずれも気温の上がる午後から始まった（写真1参照）。観客を喜ばせるために年によって取組も少しずつ変わっていったと思われるが、概ね旧野村の住民と招待力士の参加する小・中・大などの抜き相撲が中心であった（6）。そこでは中学生から青年まで年齢に関係なく力を競い合った。但し、乙亥相撲に参加するためには、主催者（勧進元）にある程度の力量を認められなければならなかった（7）。また、力量の低い力士から小五人などの抜き相撲を行い、その中で勝利した力士は中五人など上位の取組に上げられることもあった（8）。進行全体をみると、旧野村の住民を中心とした素人力士からアマチュア力士と順に土俵に上がり、祭り終盤の大五人になるとプロ力士が登場する仕組みになっていた。

　この時期の招待力士は、戦後にまず、昭和初期から続く縁を辿って高知や松山周辺の力士を集めた。また、春日山は、九州佐世保の海軍時代に知り合った（海軍相撲）力士やその知人を中心に力士を招き、昭和20年代半ばに当時幕下の琴ヶ浜を含む大相撲力士を数名招待した（9）。昭和27年の『町の新聞』には「本年は土佐伊予に加うるに東京角力、九州方力士の参加を得、大、中、小各五番とも優勝旗を設けることになっている」との記述があって、戦後の比較的早い段階でプロ・アマ対決は再開している。その後、東京の学生相撲から力士を呼ぶようになり、そうした力士が企業に入社することで実業団からも招待するようになって、アマチュア力士の参加は徐々に増えていった。招待力士の具体的な人数は、記録に残っていないが、昭和40年頃まで増えていったといわれている。こうした力士を招待する仕組みは、賞金稼ぎのようないわゆる飛び入り参加の力士を抑止することや取組を充実させて客を楽しませること、さらには力士を育成することにつながっていった。しかし、力士の招聘は、ごく僅かな人たちでしか行わざるをえず、依然として私財を投じることもあって徐々に運営に支障をきたしていくことになった（10）。

（3）野村町観光協会主催の乙亥相撲
①昭和48年以降の乙亥相撲の変遷

　昭和48年から野村町観光協会（昭和42年発足）が乙亥相撲を主催する

ことになった。住民総参加で積極的に観光開発を進めるため、当協会に乙亥相撲部、開発部、広報宣伝部を設け、手始めに乙亥相撲を強力に推し進めることにした。ここでの変化は、祭りを観光（地域）資源として活用して積極的に観客を集めるようになったこととそれまで乙亥相撲関係者にかかっていた大きな負担を広域な住民の協力によって支えるようになったことである。これまでの主催者であった旧野村の専務区長会は協賛となり、乙亥相撲が旧野村から野村町の祭りへと転換した時期ともいえる。以降、昭和49年には乙亥相撲の前座として一般青年、昭和51年に小・中学生の町内地区対抗相撲が取り入れられた。これを機に、旧惣川村・横林村・貝吹村・中筋村・渓筋村の住民も土俵に上がることになった。そして、人口の多い旧野村に負けまいとそれら各地区の応援にも熱が入って、祭りは盛り上がりを見せていった。また、昭和40年代後半から昭和50年代前半には、日本相撲連盟からプロ・アマ対決はアマチュア規定違反であるとの指摘をうけたのに対して、集客の減少を危惧した関係者は、関取を招聘して稚児の土俵入りや小・中学生の相撲指導などを取り入れた(11)。このほかにも、子ども相撲甚句（昭和52年）、土俵祭り・行司岩井元（昭和53年）、呼出覚三（昭和56年）、幟（昭和58年）乙亥太鼓（昭和61年）などで祭りを演出したり、愛媛県警や高知県内のチームを交えた町長杯争奪戦（昭和61年）、近隣市町村対抗（平成11年）などを実施したりして町内外への相撲の振興に努めていった(12)。

そうした中、平成6年の当町出身玉春日（元関脇・片男波親方）の角界入りは、地域住民の相撲への関心をより一層高めた。これに対応して観光協会は、翌平成7年から町内全地区を会員として、相撲会場の収容人数の拡張など観光事業の充実を図っていった。そし

写真2
愛宕山（愛宕神社）から望む乙亥の里・乙亥会館

て乙亥相撲および相撲への関心は、平成 15 年から着工した乙亥会館の建設やその周辺の道路整備など、議会や行政の進めるまちづくりのインフラ整備にも影響をあたえることになった (13) (写真 2 参照)。

②現在の観光協会の活動

　西予市観光協会野村支部は、商業地区である野村全 1,616 世帯 (会費各戸 3 口)、渓筋全 309 世帯・中筋全 274 世帯・貝吹全 140 世帯・横林全 173 世帯・惣川全 209 世帯 (会費各戸 1 口) の個人会員と法人会員で構成されている(14)。会務の執行は、支部長、副支部長、専門部会長と専門副部会長で構成される役員会、役員会に地区代表や商工会地区長などの理事を加えた理事会で行われている。そのうち役員会は、事業の立案から実施に至るまで全体の作業を行うのに対して、理事会は、町外の識者も含まれていることから、関連する団体への協力をとりつける役割を果たしている。協会の事業は、観光資源の保護・保存・開発および利用の促進、伝統行事・乙亥相撲の保存振興、観光施設の整備改善などであり、事業の遂行にあたっては、各専門部会を中心に進められる (図 4 参照)。現在、観光部会ののむらダムまつり (朝霧湖マラソン) と広報部会の野村納涼花火大会、相撲部会の乙亥大相撲は、野村三大

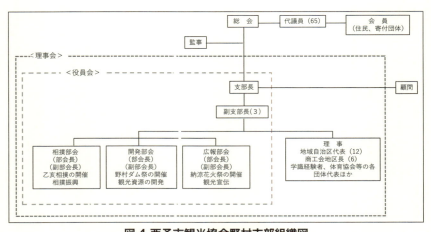

図 4 西予市観光協会野村支部組織図
ヒアリングと総会資料をもとに作成した。カッコ内の数字は平成 28 年度時点での定数を示す。

祭りとして定着しており、短期滞在とはいえ地域への観光客増加に貢献している。

　相撲部会は、乙亥相撲の開催と相撲振興を主な事業としている。相撲の振興は、伝統行事の担い手を育成するために必要不可欠であり、瀬戸内海少年相撲大会の開催や相撲を通じた地域交流など、子どもの頃から相撲に親しむ環境作りに重点を置いている。一方、最大の事業は乙亥相撲の開催で、祭りの準備はほぼ1年をかけて進められる。具体的には、力士派遣依頼を計画した上で、3月の大相撲大阪場所や6月の西日本実業団選手権などに足を運んで交渉にあたる。招聘力士が決まれば、ポスターの制作に向けてメディア等の後援をとりつけ、チケット発売の準備、広告の依頼、幟等の準備、関係団体への挨拶廻りなど多方面にかけ合わなければならない。祭りへの寄付の数が毎年200口以上になることから、作業量も並大抵ではないと思われる。住民主導でありながらもこうした長期的な準備を安定して継続していくために、西予市役所野村支所の職員が観光協会の事務を兼任することになっている。なお、現在の乙亥大相撲の運営費は、観光協会支部や市の補助金、祝儀等の寄付金、入場料などの収益でそれぞれ3分の1ずつを賄っている。

③現在の乙亥大相撲

　乙亥大相撲は、毎年大相撲九州場所の2日後の火曜日に始まる。関係者は、祭りの1週間ほど前に愛宕神社で祈願祭をしてから会場設営などの準備に入る。そして、祭り前日の祝日もしくは前々日の日曜日には相撲会場で土俵祭りが執り行われる。まず、愛宕神社から御神体の遷された御輿が土俵上に運

写真3
土俵祭り当日に行われる火鎮祈願

写真4
三人勝ち抜き戦の土俵入り

第10章 伝統的な祭りにおける変容と発展　　209

ばれ、宮司によって火鎮祈願が行われる（写真3参照）。続いて行司が、土
俵中央に山海の幸6品の縁起物を埋めて、相撲の安全を祈願する。その後、
御神体は祭りの会場正面に祀られる。

　初日午前には、一般青年の団体戦（1部・2部）と個人戦（軽量級・無差別
級）が行われる。団体戦は、横林、渓筋、中筋など野村6ヶ町村の頃の地区対
抗戦になっており、旧野村のみ町、東、西、愛農といった古くからある地域自
治組織単位に分かれて出場する(15)。また、明浜や西予市役所などの町外チー
ムも加わって、参加チーム数は全体で20チームほどになっている。各地区の
応援団の歓声は大きく、初日のはじまりから祭りは大いに盛り上がりを見せる。

　午後になって、町の有志で創始した相撲甚句や乙亥太鼓が披露された後、
招待力士の取組が始まる。人によっては、一般青年の取組を前相撲といい、
招待力士の取組を乙亥相撲といって区別している。また、一般青年が日本相
撲連盟（アマチュア）の規則と審判に従っているのに対して、プロ・アマ対
決は大相撲と同様に互いに呼吸を合わせて立ち上がるといった違いもある。
招待力士の取組は、今でも主催者（勧進元）によって決められており、東西
それぞれの力士は、紹介をうけて土俵に上がり、勝負の前に正面（愛宕神社
の祭神）に向かって土俵入りを行う（写真4参照）。勝負は、三人もしくは
五人の勝ち抜き戦で行われる。三人勝ち抜き戦であれば、東に三人、西に三
人の力士を決めて、東西で対決する。誰かが三人連続で勝つまで勝負は続け
られる。こうした相撲の取組順は、地元の高校生力士の三人勝ち抜き戦で始
まり、少々五人、小五人とレベルが上がるにつれて、大学生や社会人の力士
も混ざっていく。招待力士の取組が進んでいくと、途中で中三役（小結・関脇・
大関）の相撲を設け、勝ち抜き戦ではない一番ずつの取組が行われる。その
後、ここで選ばれた東西の力士が力飯（赤飯）と酒を交換して、小休止（中入）
となる。交換した力飯と酒は縁起物として観客に振る舞われ、その間に初っ
切りが披露される(16)。この中入以降にプロ・アマ対決の中五人や大五人
などの取組は始まる。それらの取組には懸賞がかけられることもあり、懸賞
や寄付が増えれば、特別大五人などの取組が増えることもある。招待力士の
取組をすべて終えると、関取による稚児の土俵入りと小・中学生への相撲指
導が行われて、初日打ち出しとなる。

二日目千秋楽は、小・中学生の団体戦と学年別個人戦で始まり、稚児の土俵入りへと進んでいく。団体戦は小・中学生とも15チームほど参加しており、この日の小学校は午前休校となって、親や友達が子ども力士の応援に駆けつける。午後には、前日と組み合わせを変えた招待力士の取組が行われる。中三役と末三役は行司によって取組を進行し、プロ・アマによる末三役の最後には大関同士が組み合ったところで相撲を止め、「ご名人になりますれば、この勝負、乙亥大相撲勧進元にお預けし、明年ここで取って御覧にいれます。」と口上を述べて、乙亥大相撲千秋楽は打ち止めとなる。祭りの終わりには、関係者一同が土俵に上がって円陣を組み、行司が塩を撒いて口上を述べる。「沖は大漁、陸は満作、富貴繁盛と打ちましょう。シャンシャン、もうひとつ祝ってシャンシャン、祝ってシャンでオシャシャのシャンシャン」と皆で手を打って終了する。

　平成27年の乙亥大相撲2日間の招待力士は、大相撲力士16名、アマチュア力士32名で、アマチュアのうち約半数は、愛媛県選手であった。

4．地域における乙亥相撲の役割
（1）乙亥相撲への住民参加と帰属意識

　はじめに乙亥相撲の発展に貢献した人々は、地域で資産をもつ相撲愛好家たちであった。彼らは、相撲の取組を面白くするために、多くの私財を投じて力士を集めた。その結果、乙亥相撲は、周辺地域の相撲に比べて遙かに大きな祭りとなり、多くの観客を町へと呼び込んだ。しかし、高度経済成長期の終わり頃に、この祭りは転機を迎えることになった。高度経済成長期には、給与に依存したサラリーマンタイプの暮らしが浸透して、地域の共同というそれまでの人々の結びつきは薄れていったといわれている。人口は都市部に流れ、この地域でも人口は急激に減少していった。そうした時代背景の中で、大きくなった乙亥相撲の運営を担える人は現れなかった。そこで町長や商工会長を中心とした観光協会が祭りの運営組織を作ることになった。そしてこの時期を境に、旧野村だけでなく、より広域から住民の支援を受けることで祭りを維持していくことになる。その支援は、徐々に広がり、運営の資金や

人材だけでなく、祭りの参加者も拡大させていった。

　今回の調査において、当時の関係者を知る住民は次のように語っている。「観光協会に変わった頃、地域（住民）の理解と協力を得るために色々と知恵を絞ったみたいです。＜中略＞地区対抗を加えたのは良かったんじゃないですかね。各自治会や教育委員会にもかけ合って大変だったとは聞いてます。」またその参加者は「以前は旧野村以外の地域（横林・貝吹など）でも宮相撲が盛んでした。私も地元の友達に誘われて乙亥の地区対抗に出よりました。そこで勧進元（主催者）の目にとまって、上（乙亥相撲の招待力士の取組）にもあげてもらいました。」とこの当時の相撲を振り返った。そこには、相撲をみるだけでなく取る（する）ことへの喜びがあったように思える。

　そもそも祭りは、人々の共同性によって成り立っており、祭りへの参加は、個人の共同体への帰属意識を形成する。特に祭りやスポーツの場面においては、自己の同一化すべき集団（味方と敵）が可視化されるため、集団的アイデンティティを認識しやすい。乙亥相撲の中の地区対抗戦は、共同体を超えた外部を創る、つまり野村町内に各地区の敵チームをつくることで、（各地区の）帰属意識を高める機能を有している (17)。こうした意識は、相撲の参加者だけでなく、参加者の身近にいる者（応援する人）にも生まれる。かつての肱川を挟んだ町の東西対決も、地元力士が強い力士に勝負を挑んだプロ・アマ対決もまた住民の地域への帰属意識を高める役割を果たしてきたのだろう。現在でも地区対抗戦は、大きな盛り上がりを見せ、祭りには欠かせないプログラムになっている。共同体への帰属意識を高めるような競争の仕組みは、人々の気持ちを高揚させ、祭りに活気をもたらす。乙亥相撲は、時代とともに、この競争の仕組み（共同体の枠組み）を新たに取り込むことによって、維持・発展してきたと考えられる。

（2）祭りの見所

　元来火難除災を祈願する地縁集団の中で行われた乙亥相撲は、時代とともにその意味を少しずつ変化させていった。地域の相撲愛好家たちは相撲の勝敗にこだわり、そのことによって祭りが熱を帯びたものになっていったことは想像に難くない。そこには、祀られた神に対する奉納相撲とは異なった、

地域住民の相撲を楽しむ姿があったのだろう。

　また、祭りへの見物人の出現は、同時に祭りをみせる人々を登場させることになり、外部からの観客の存在を前提とした祭りへと変化させる（松平、2008）。そしてこの変化の過程において、地域住民は、外部からの観客を通して異なる価値観に触れ、地域の祭りを客観視し、その独自性（地域らしさ）を認識する切っ掛けを得る。乙亥相撲では、戦前から戦後にかけて、地域外からも強い力士を多く集めるようになっていった。このことは、みせることを意識した結果であるとともに、当時の住民に認識されたほかの地域とは異なる乙亥相撲の独自性であったのだろう。そして、その独自性は人々を惹きつけ、「野村町だけでなく当地方の有名な」（昭和25年広報誌）祭りになっていった。

　その後、昭和50年頃プロ・アマ対決の問題を指摘された時には、ほかの地域の奉納相撲はプロ・アマ対決を中止したのに対して、乙亥相撲関係者は、それを地域の伝統行事として捉え、その保存に向けて関係団体の理解と支援をとりつけた。そして当時図らずも「全国で唯一」という価値が付与され、その独自性から祭りの知名度はさらに高まっていった。現在でもこのプロ・アマ対決は、祭りの見所として、プログラムの中心に位置づけられている。

　このように乙亥相撲は、変容の過程の中で、その独自性を確立していった。伝統という言葉は「受け継がれる」ものに対して用いられ、そこには「昔から変わらない」というニュアンスが含まれている。そのため、私たちが伝統的な行事を目の前にしたとき、そこにある地域文化の独自性は事の始まりの段階で既に備わっているものと解釈しがちである。しかし、地域住民が時代に応じて生き方を変えていくことと同様に、地域の伝統行事もまた時代に適応して変化していく。乙亥相撲は、このプロセスにおいて、少なくとも、面白い相撲を求める人々とそれに応じようとする人々の行為があって、観客など外部の人々との相互作用の中で発展してきた。

5．おわりに：「乙亥の野村・野村の乙亥」とは何か

　野村町には、住民の交流と健康増進、商業振興などを推進する拠点施設として『乙亥の里』がある。そこには相撲会場となるホールや相撲道場、相撲

資料館が含まれており、まさに乙亥大相撲を想定した施設が地域の拠点になっている。このことは、野村町の住民が乙亥相撲を通して地域アイデンティティを醸成してきたことにほかならない。

　一方、この地域では古くから『乙亥の野村・野村の乙亥』という言葉が祭りの関係者を中心に広く共有されてきた。確かに乙亥の日は地域住民にとって特別であり、この日に合わせて帰郷する人もいれば、力士を自宅に泊める家庭もある。そこには観光客の目にする祭りとは異なった乙亥が存在する。ほかにも、「乙亥の日は無礼講」という人がいる。これは自宅に客や力士を迎え入れる古くから残る風習で、乙亥相撲の日には誰でも遠慮しないで他人の家の宴会に加わることができるという。時として、宴で喋った相手のことを家族の誰もが知らないこともあるらしい。また、「この時期が来ると血が騒ぐ」と言った人は、祭り当日の相撲だけではなく、乙亥大相撲（一般青年の部）の抽選から祭り当日までの稽古も含んで気がはやっていたのである。人々の乙亥の過ごし方には大変興味深いものがある。祭りに向けた準備から当日の会場の外に至るまで、祭りの周辺に目を向けることで地域住民にとっての祭りの価値が見えてくるのだろう。住民からみた地域文化と観光客にうつる地域文化を照らし合わせてみることで、新たな価値が創造できるのかもしれない。

注

（1）昭和50年代後半に調査したものと思われる。

（2）広報誌は、『まちの新聞』（昭和25〜30年・公民館発行）、『町の新聞』（昭和30〜41年・町教育委員会発行）、『広報のむら』（昭和42〜平成15年・町役場発行）を使用。

（3）この地域の養蚕は、明治初期に始まり、重要な現金収入源として長らく地域の中心的産業となった。大正期には養蚕の第1期黄金時代を迎えている。大正11年の繭相場は一貫匁（3.75kg）あたり12円で、当時に養蚕家と言われる農家の現金収入は単純計算でも公務員の1.5倍以上であったと考えられている。全農家2343戸のうち、1575戸が養蚕を行っていたとされており、そうした収益を得た養蚕家のなかで、相撲好きの住民たちが、乙亥相撲を盛り上げるのに一役買っていたと推測される。

（4）地域の自治活動はかつての組単位や近隣ブロックの合同で行われたが、これ以外に専務区長制度があり、専務区は概ね大字単位に設けられていた。

（5）昭和27年に婦人会員によって472戸の乙亥経費を集計したところ、客の延べ総人数は3,764人で一戸平均8人弱あり、総金額は3,661,331円で一戸平均6,697円であった。

（6）『ヒアリング』・大中小は、競技レベルを表すもので、小から大へと強くなっていく。抜き相撲は連続して勝った力士を勝利者とする勝負形式のこと。現在の乙亥大相での特別大五人は、東方に大相撲幕下力士五人と西方に全国トップクラスのアマチュア選手五人を決めて、誰かが一方の五人を連続して倒すまで続けられる。

（7）勧進元は一般に興行主催者のことで、ここでいう勧進元は、野村専務区長会であり、専務区長会に依頼された相撲識者も含まれる。

（8）『ヒアリング』

（9）春日山は四股名。兵頭茂（大正3年〜昭和53年）城川町出身で昭和38年から昭和53年まで県議会議員を務める。横綱・前田山英五郎（高砂親方・愛媛県出身）や関脇・玉乃海太三郎（片男波親方）などの人脈をもとに、乙亥相撲の基礎を作ったとされている。昭和51年春日館道場を創設。昭和50年から53年まで愛媛県相撲連盟の会長を務める。春日館相撲道場ホームページを参照。

（10）『ヒアリング』

（11）昭和52年から愛媛県相撲連盟の組織的な協力を得て、プロ・アマ対決は再開された。プロや素人の境界の曖昧な時代、さらにはアマチュアの誕生よりも前に始まった地域の伝統行事であることを拠り所とし、その保存への共通理解をとりつけるに至った『ヒアリング』。日本相撲連盟（アマチュア）は昭和21年に設立。現在の日本相撲協会（プロ）の前身は大正14年設立の大日本相撲協会である。それ以前には京都、大阪、江戸の三都に相撲興行体制があり、地方にも相撲興行をする組織はあった。関取は大相撲の十両以上の力士のこと。

（12）相撲甚句　力士が土俵で唄う余興のこと。

（13）商業の振興と地域の活性化、伝統文化の伝承を目的としたまちづくり計画で、経済産業省所管の中心市街等中小商業活性化施設整備事業と国土交通省所管のまちづくり交付金事業の採択を受けて、乙亥の里が整備された。

（14）平成28年度西予市観光協会野村支部定期総会資料のデータを使用。

（15）愛農地区は概ね大字片川に相当する。東地区は大字野村の川の東側、西地区は大字野村の上野・山本・岡・中村・荒瀬・深山・芒原・木落・太田・中屋敷・椎木の11地区で農友会地区に相当する。町地区は、大字野村の川の西側で、西地区を除いた区域に相当する。

（16）初っ切り　相撲の決まり手や禁じ手を観客に面白おかしく紹介する見世物のこと。

（17）「共同体を超える外部」については上野（1984）を参照されたい。

第10章伝統的な祭りにおける変容と発展　215

参考文献

上野千鶴子（1984）「祭りと共同体」井上俊編『地域文化の社会学』世界思想社

愛媛県東宇和郡野村役場（1911）『野村誌』

愛媛県史編さん委員会（1984）『愛媛県史　民俗　下』

愛媛県生涯学習センター（2000）『愛媛の祭り 平成 11 年度地域文化調査報告書』

大本敬久（1999 年）「年中行事の今日的意義」『愛媛民俗伝承の旅』愛媛新聞社

新田一郎（1994）『相撲の歴史』山川出版社

野村町誌編纂委員会（1997）『野村町誌』

松平誠（2008）『祭のゆくえ 都市祝祭新論』中央公論新社

松廣義忠「乙亥大相撲」愛媛県相撲連盟　http://ehimesumo.la.coocan.jp/sub17.htm（2017.5.1）

山田知子（1996）『相撲の民俗史』東京書籍

米田誉三（2010）「乙亥相撲の優勝旗」野村町史談会『のむら史談』第 20 号

エピローグ：本書の全体的な総括

若林良和・市川虎彦

1．地域に根ざした共同研究の必要性

　これまでの「地域学」や「地元学」の先行研究的な成果を踏まえ、「愛媛学」構築の基盤として、次の２点を指摘しておきたい。第１に、「地域アイデンティティ」は、地域の価値や魅力、良さを再認識して地域を盛り立てようとする動機や意識、行動の起点となる重要な要素である。第２に、愛媛県内の潜在的なコンテンツも含めて「地域資源」と捉え、地域協働の視点から学際的に再評価することは、今後も必要である。本書で述べてきた「愛媛学」は地域志向の人材育成における「着火点」的なものに位置付けられる。

　今回、社会・産業・環境・スポーツの４分野における10の地域課題を取り上げて、人文・社会科学、環境科学、スポーツ科学の研究アプローチから、学際的で、かつ、多面的な視点から総合的に研究が推進された。共同研究プロジェクトメンバー10名は、関連分野での研究経歴と実践活動を有し、かつ、南予地域の多様なステークホルダーと綿密なネットワークを保持している。それらの実績をもとに多岐にわたる調査研究活動が実施された。研究メンバー相互の情報と意見調整を行いつつ、研究活動で得られたデータの活用方法を検討のための意見交換が地域のステークホルダーとの間で行われた。今後も地域に根ざした愛媛大学と松山大学による共同研究の必要性は十分に理解されるであろう。

2．愛媛学と地域資源・地域協働・地域アイデンティティ

　愛媛学の構築に向けた取り組みをもとに、本書の冒頭に述べた３つのキーワードを再整理しておきたい。

　第１に、「地域資源」であるが、まず、地域住民の意識からみると、「意識さ

217

れた資源⇔意識されてこなかった資源」に区分され、「地域資源」としての意識化という地域資源化というプロセスが重要となる。次に、価値や評価からすれば、「プラスの資源⇔マイナスの資源」に二分されて、発想の転換や価値の創造が求められる。さらに、実質化の展開からすると、「可視的な資源⇔不可視的な資源」に区分けられ、発想や価値の実体化が重視されるべきである。「地域資源」は地域住民がプラスの評価を意識し、新たな価値が付与できる資源であり、地域の持続的な発展に利活用できる資源と定義できる。（詳細は、若林「地域資源としてのカツオを用いた初任者研修制度の効果～沖縄県宮古地区におけるカツオ産業体験プログラムの事例検討～」『社会共創学部紀要』1(2)、Ｐ１～８を参照されたい。）「地域資源」に着目した方策では、地域の範囲（枠組み）の設定も重要であり、都道府県の単位から合併前後の市町村、小学校区、集落までのサイズの設定がポイントになる。地域に存在する多様な資源は、産業創出や経済活性化に資する資源にも、伝統的な文化の維持や新たな創成に資する資源にもなり得て、さらに、地域ステークホルダーをはじめ地域住民全体の満足感や幸福度を高められる資源となる。「地域資源」の機能として、地域の生産や生活に関わる活動へのインプットと、地域性を活かした差異化による付加的な価値創造によるアウトプットの両面が存在する。そして、産業振興や地域活性化を念頭に置けば、「地域資源」が「地域協働」により再認識と発掘、利活用へと展開するためのコンテンツとなることは、より明確になった。

　第２に、「地域協働」であるが、これは地域住民が健康で文化的な最低限度の生活と経済的、精神的な安定をもたらすために、地域のステークホルダー（たとえば、行政、企業、協同組合、NPO、地域住民など）の協力と連携のもとで協業することであり、その実効性が問われることになる。その担い手は交流して共通認識をもとに行動して支える人や組織であり、多様な主体が想定でき、総意のもとで仕組みづくりが重要である。換言すれば、地域のステークスホルダーとの信頼関係にもとづき、同じ方向性で活動するとともに、長期的で広角的な視点に立って、地域のあるべき姿を探求していく必要がある。地域課題の解決に向けて、立場の違う地域のステークホルダーがそれぞれ異質性を認め合いつつ、お互いの特性を活かしながら、保持する「地域資源」（人的資源、物的資源、金銭的資源など）を最大限に出し合って、主体的に活動の計画～実践

〜評価を行っていくことである。また、地域の内部者と外部者が出会うことによって生まれる相乗効果に着目し、役割を分担して行動し、全体的にプラスになる活動を展開していくことである。

第3に、「地域アイデンティティ」は、前述してきた取り組みの成果として、地域住民の間で共有されることになる。これは、「地域資源」をもとにした「地域協働」を図るなかで、地域住民の間で醸成されて、地域に対する愛着心の源泉、充実した地域生活のあるべき姿を見出せる可能性を持っている。地域の物語性、「地域資源」の独自性（土着性など）を把握していくことで、「地域アイデンティティ」の醸成を図るきっかけができる。そして、地域の多様な生産的・生活的な局面の背景を時間軸と空間軸の両方から理解し、協業することでシビックプライドが形成されていくだろう。

最後に、広義の地元学としての「愛媛学」は、愛媛という地域の独自性や特殊性を把握しつつ、地域そのものが持つ普遍性がどのようなものかを明らかにできるだろう。そして、「愛媛学」は、地域固有の発展法則と普遍的な地域発展法則とを総合した地域学ともいえるだろう。

私たち共同研究プロジェクトメンバーとしては、今後も、地域のステークホルダーとの連携をもとに、「地域協働」の視点から改めて学際的な取り組みを深化させたいと考えている。

やはり、本書の最後でも、南予地域に大きな被害をもたらして1年を経過した西日本豪雨のことに触れておきたい。つい先日、それぞれの自治体などで1周年追悼式が実施され、列席の機会を得たが、改めて心痛むものであった。私事で恐縮だが、復旧のお手伝いをさせていただいた方々とは、今も交流させていただいている。皆さんが前向きな気持ちで明るく振舞われることに、筆者としては敬意を表したい。復興の道のりは、まだまだ、端緒についたばかりだと考える。筆者らなりに、きちんと見据えながら、南予地域の皆さんと出来るところから協働化を図っていきたいと思っている。

2019（令和元）年7月

執筆者「チームびやびや」　一覧

編集代表
　若林　良和（わかばやし　よしかず）
　　　愛媛大学副学長、南予水産研究センター・社会共創学部・農学研究科教授
　　　専門：水産社会学、食育実践論（ぎょしょく教育論）

　市川　虎彦（いちかわ　とらひこ）
　　　松山大学大学院社会学研究科長、人文学部教授
　　　専門：地域社会学、政治社会学

第1章　　若林　良和
　　　　　編集代表の覧を参照

第2章　　藤田　昌子（ふじた　あつこ）
　　　　　愛媛大学教育学部教授
　　　　　専門：生活経営学，家庭科教育

第3章　　鈴木　茂（すずき　しげる）
　　　　　松山大学名誉教授
　　　　　専門：財政学、地域経済学

第4章　　笠松　浩樹（かさまつ　ひろき）
　　　　　愛媛大学社会共創学部講師
　　　　　専門：農山漁村復興、地域資源の自給・循環

第5章　　三宅　和彦（みやけ　かずひこ）
　　　　　愛媛銀行執行役員・企画広報部長
　　　　　専門：農業経営学、金融全般

第6章　　市川　虎彦（いちかわ　とらひこ）
　　　　　編集代表の覧を参照

第7章　　小松　洋（こまつ　ひろし）
　　　　　松山大学人文学部教授
　　　　　専門：環境社会学、計量社会学

第8章　　太田　耕平（おおた　こうへい）
　　　　　九州大学農学研究院准教授
　　　　　専門：生殖生物学，魚類生理学

第9章　　牛山　眞貴子（うしやま　まきこ）
　　　　　愛媛大学社会共創学部教授
　　　　　専門：ダンス、スポーツボランティア

第10章　　林　恭輔（はやし　きょうすけ）
　　　　　松山大学人文学部准教授
　　　　　専門：体力科学、身体運動学

愛媛学を拓く

2019 年 9 月 20 日　第 1 刷発行　　定価＊本体 2100 円＋税

著　者　愛媛大学・松山大学愛媛県南予地域共同研究
　　　　プロジェクトチーム（「チームびやびや」）
　　　　代表：若林良和、市川虎彦
発行者　大早　友章
発行所　創風社出版
　　　　〒 791-8068 愛媛県松山市みどりヶ丘 9 － 8
　　　　TEL.089-953-3153　FAX.089-953-3103
　　　　振替 01630-7-14660　http://www.soufusha.jp/

　　　　印刷　㈱松栄印刷所　　製本　㈱永木製本

Ⓒ team biyabiya 2019　　Printed in Japan
ISBN 978-4-86037-279-8